MERIAN *momente*

OSLO

MICHAEL BAUMGARTNER

Zeichenerklärung

familienfreundlich

🕐 Der ideale Zeitpunkt

🚩 Neu entdeckt

Faltkarte

Preisklassen

Preise für ein Doppelzimmer mit Frühstück:

€€€€ ab 2000 NOK €€€ bis 2000 NOK
€€ bis 1500 NOK € bis 800 NOK

Preise für ein dreigängiges Menü:

€€€€ ab 500 NOK €€€ bis 500 NOK
€€ bis 350 NOK € bis 200 NOK

OSLO ENTDECKEN   4

OSLO ERLEBEN   20

OSLO ERKUNDEN   54

DAS UMLAND ERKUNDEN   124

OSLO ERFASSEN   134

KARTEN UND PLÄNE

OSLO
ENTDECKEN

Vor dem Stortinget, dem Parlamentsgebäude (▶ S. 68).

MEIN OSLO

*Schnell wird man mit dem überschaubaren Oslo vertraut,
einer Stadt, die Repräsentation und Behaglichkeit, Tradition und
Aufbruchsstimmung der postindustriellen Zeit vereint. Und
das alles in nur knapper Entfernung zu einer urwüchsigen Natur.*

Meine erste Begegnung mit Oslo war ganz unvorbereitet. Ich kam nicht als Tourist oder Entdeckungsreisender in die Stadt, sondern hatte als Student in einem ganz anderen Teil der Welt ein Mädchen aus Oslo kennengelernt, das ich jetzt besuchen wollte. Ich war noch nie in Norwegen gewesen, konnte kein Wort Norwegisch, hatte noch nicht einmal einen Reiseführer über das Land gelesen, wusste also nichts. Oder anders gesagt: Ich war völlig offen und unvoreingenommen.

Also reiste ich an einem sonnigen Herbsttag mit der Fähre nach Norwegen. Die letzten Stunden führte die Fahrt durch den schmalen Oslofjord mit seinen bunten Häusern an beiden Ufern, bis schließlich die Stadt mit ihren grünen Hügeln im Hintergrund auftauchte. Zugegeben,

◀ Blick vom Dach der neuen Oper (▶ MERIAN
TopTen, S. 66) auf den Oslofjord.

gerade vom Hafen aus zeigte sich Oslo überhaupt nicht von seiner Scho-
koladenseite, doch ich wurde bald darauf wieder entschädigt, als ich
unweit des Stadtzentrums richtige Holzhäuser sah, die direkt aus einem
Buch von Astrid Lindgren stammen könnten.

ERSTE BEGEGNUNG

In den nächsten Wochen lernte ich – mit einheimischer Führung – Oslo
kennen. Sehr viele Strecken legten wir zu Fuß zurück, obwohl ich nicht
gerade mitten im Zentrum wohnte. Das hatte den Vorteil, dass ich sehr
schnell lernte, wo in Oslo was liegt und wie man von A nach B kommt,
und mir wurde auch klar, wie sehr die zentralen Teile Oslos auf relativ kleinem Raum konzentriert sind. Das liegt nun nicht daran, dass es
generell keinen Platz gäbe – Oslo ist von der Fläche her viel größer als
beispielsweise München, hat aber nur halb so viele Einwohner –, sondern
daran, dass die Stadt noch vor 200 Jahren nur die Dimensionen einer
Kleinstadt hatte. All die Repräsentationsbauten der neuen Hauptstadt
wurden erst nach 1800 gebaut, und alle entlang des zentralen Boulevards,
der Karl Johans gate, auf der man in einer halben Stunde gemütlich vom
Bahnhof zum Schloss schlendern kann.
Die »wahre« Größe Oslos wurde mir bei den ersten Ausflügen in die
Oslomark bewusst. So heißt der grüne Gürtel aus Wäldern, Hügeln und
Seen, der Oslo im Norden und Südosten umgibt, wo es wild lebende
Elche und Luchse – auf dem Stadtgebiet! – gibt und wohin die Einwohner
Oslos sommers wie winters ziehen, um auf dem hervorragenden Netz
von Wanderwegen bzw. Loipen die Natur zu genießen. So etwas kann
man natürlich auch anderswo machen; das Besondere an Oslo ist aber,
dass man die Oslomark direkt vom Stadtzentrum in 20 Minuten mit der
U-Bahn, die hier T-bane heißt, erreichen kann.

OSLO-WETTER

Mein erster Oslo-Besuch war also im goldenen Oktober, was Besuche im
Frognerpark mit seiner unglaublichen Skulpturensammlung des Bild-
hauers Gustav Vigeland ebenso zu einem Erlebnis machte wie das Norsk
Folkemuseum, das Freilichtmuseum auf der Halbinsel Bygdøy, oder die
Inseln im Oslofjord – überall erstrahlte das Herbstlaub in den schöns-
ten Farben. Natürlich ist das Wetter nicht immer so freundlich, wie ich

bei späteren Besuchen auch feststellen durfte. Einen Monat später, Mitte November, war ich wieder in der Stadt und da zeigte sich, wie nass und kalt es in Oslo sein kann. Dass der Winter hier kein Witz ist, merkte ich auch recht bald. Angeblich macht der Treibhauseffekt auch vor Norwegen nicht halt, doch wenn der Schnee Anfang April immer noch nicht geschmolzen, sondern höchstens schmutzig geworden ist, ertappt man sich bei dem Gedanken, dass sich das Klima hier ruhig etwas schneller erwärmen dürfte. Die Osloer machen das Beste daraus, laufen Ski in der Oslomark oder gehen auf den zugefrorenen Buchten des Oslofjords spazieren. In den Osterferien fahren alle, die irgendwie können, ins Gebirge, um den Winter noch einmal richtig zu genießen. Wenn sie nach Oslo heimkommen, so die Hoffnung, ist der Schnee endlich weg.

In den folgenden Monaten und Jahren hielt ich mich immer wieder kürzer oder länger in der Stadt auf und lernte sie zu allen Jahreszeiten schätzen: im Frühjahr (d.h. ab Mai) das wiedererwachte Stadtleben vom Café aus zu beobachten, Sommertage auf den Fjordinseln zu verbringen und lange Wandertouren im Herbst. Ich lernte Norwegisch (obwohl man sich in Oslo mit jedem, aber auch wirklich jedem, auf Englisch verständigen kann) und zog für ein Jahr nach Norwegen, um dort zu studieren.

DAS LIEBE GELD

Als Student mit einem begrenzten Budget wird man mit einem der nicht so positiven Aspekte Oslos konfrontiert, nämlich mit dem Preisniveau. Oslo ist eine der teuersten Städte der Welt. Gerade in Bereichen, die für Reisende eine Bedeutung haben, wie Essen, Wohnen und Transport, wird einem das bewusst. Wer zum ersten Mal für ein Hauptgericht und ein Getränk in einem durchschnittlichen Restaurant 40 € bezahlt, kann leicht ein wenig schockiert reagieren. Immerhin, das muss man eindeutig konstatieren, hat sich in den letzten 20 Jahren die Qualität des Angebotenen eindeutig verbessert. Besonders in der gehobenen Küche gibt es inzwischen eine Reihe von norwegischen Köchen, die ganz neue interessante Wege gehen und mit der Rückbesinnung auf norwegische Traditionen internationales Top-Niveau halten.

Wer sich fragt, wie sich die Norweger das leisten können, sollte bedenken, dass ihr Land seit der Entdeckung von Erdöl in norwegischen Gewässern Ende der 1960er-Jahre zu einer der reichsten Nationen der Erde aufgestiegen ist. Die hohen Preise spiegeln schlicht den allgemeinen Wohlstand und ein ebenso hohes Einkommensniveau wider und Oslo boomt: In den letzten Jahren hat seine Bevölkerung enorm zugenommen.

Dass das nicht immer so war, zeigt sich übrigens auch in der Bausubstanz Oslos, im Guten wie im Schlechten. An vielen Ecken der Stadt findet man Gebäude, die noch von den ärmeren Zeiten künden und heute nicht mehr den besten Eindruck machen. Doch es gibt auch positive Aspekte: In den mageren Zeiten wurden Solidarität und Gemeinsinn großgeschrieben. Davon künden Wohnsiedlungen wie die Gartenstädte Ullevaal und Lille Tøyen, die seit den 1910er-Jahren entstanden und zum Charmantesten und Lebenswertesten gehören, was jemals als sozialer Wohnungsbau entstanden ist.

DAS MODERNE OSLO

Wer mit einem Auge für Architektur durch Oslo wandert, wird übrigens einem prägenden Baustil immer wieder begegnen, dem Funktionalismus. Sein markantestes Beispiel ist das Rathaus, doch man findet diesen Stil, der mit Modernität, aber gleichzeitig mit einer Reduzierung auf das Klare und Wesentliche die sozialdemokratischen Ideale der Zeit repräsentierte, überall in und um Oslo wieder. Der Funktionalismus wurde so populär, dass sich im Volksmund für ihn der Spitzname »Funkis« einbürgerte. Die roten Telefonzellen in Oslo und anderswo in Norwegen sind ebenfalls Zeugen dieser Zeit; ihr Design ist seit 1932 unverändert und die noch verbleibenden stehen inzwischen unter Denkmalschutz.

Der Modernismus hat natürlich wie überall auch einige Bausünden zu verantworten, auch von denen finden sich im Zentrum von Oslo einige. In den nicht so fetten Jahren zog oft genug die Ästhetik gegenüber ökonomischen Erwägungen den Kürzeren; das kann man immer noch besonders in vielen Gebieten in der Hafengegend beobachten. Doch gerade hier tut sich in den letzten Jahren enorm viel und man entdeckt ständig etwas Neues. Oslo ist – im europäischen Maßstab – immer noch eine junge Hauptstadt. Sie mag heute hie und da unfertig wirken, aber sie ist eine frische, dynamische und garantiert nicht langweilige Stadt.

DER AUTOR

Michael Baumgartner ist Nordist, Japanologe und Sprachentrainer. Als Student in Japan verliebte er sich in eine Norwegerin und anschließend in ihre Heimatstadt Oslo, wo er in den Folgejahren so viel Zeit wie nur möglich verbrachte und die Stadt gründlich kennenlernte. Heute lebt er mit seiner deutsch-norwegischen Familie in München und besucht Oslo jedes Jahr mehrere Wochen.

MERIAN TopTen

Diese Höhepunkte sollten Sie sich bei Ihrem Besuch auf keinen Fall entgehen lassen: Ob Weltklasse-Museen und -Theater, Palastanlagen und Kathedralen oder quirlige Stadtviertel: MERIAN präsentiert Ihnen hier die wichtigsten Sehenswürdigkeiten der Stadt.

⭐1 Akershus slott og festning

Dänenkönig Christian IV. verwandelte die mittelalterliche Burg Akershus am Oslofjord in ein repräsentatives Renaissanceschloss (▶ S. 59).

⭐2 Det kongelige slott

In diesem klassizistischen Prunkbau, der am Ende der Karl Johans gate thront, residieren seit 1905 die norwegischen Könige (▶ S. 62).

⭐3 Operahuset

Wie ein Eisberg liegt der Kulturtempel im Hafen von Oslo. Der Rundblick vom begehbaren Dach auf Stadt und Fjord ist einmalig (▶ S. 66).

⭐4 Rådhuset

Oslos Wahrzeichen ist alljährlich Schauplatz der Verleihung des Friedensnobelpreises (▶ S. 67).

⭐5 Frognerparken (Vigelandsparken)

Seinen Status als meistbesuchte Attraktion Norwegens verdankt der Park den 212 Skulpturen des Bildhauers Gustav Vigelands (▶ S. 76).

⭐6 Inseln im Oslofjord

Dem Zauber dieser vielfältigen Inselwelt erliegt jeder Besucher: Hovedøya, Nakholmen, Lindøya, Langøyene … (▶ S. 99).

⭐7 Munch museet

Das Museum beherbergt den Nachlass des weltberühmten Malers Edvard Munch. Unter den Gemälden und Grafiken ist auch sein wohl bekanntestes Werk »Der Schrei« (▶ S. 112).

⭐8 Nasjonalgalleriet

Die größte Kollektion norwegischer, aber auch skandinavischer und internationaler bildender Kunst von der Mitte des 19. Jahrhunderts bis in die Gegenwart (▶ S. 113).

⭐9 Norsk Folkemuseum

Die zentrale kulturhistorische Sammlung des Landes und eines der größten Freilichtmuseen der Welt auf der Halbinsel Bygdøy. Hier bekommt man Einblick in das Leben in Norwegen gestern und heute (▶ S. 115, 126).

⭐10 Holmenkollen

Weltweit ein Begriff für Wintersport und ein beliebtes Naherholungsgebiet, vom Zentrum Oslos schnell mit der T-bane zu erreichen (▶ S. 24, 117, 128).

MERIAN Momente
Das kleine Glück auf Reisen

Oft sind es die kleinen Momente auf einer Reise, die am stärksten in Erinnerung bleiben – Momente, in denen Sie die leisen, feinen Seiten der Stadt kennenlernen. Hier geben wir Ihnen Tipps für kleine Auszeiten und neue Einblicke.

1 Rundblick von Oslos Festung Akershus D/E 6/7

Wenn man eine kleine Erholung vom Shopping oder Sightseeing im Zentrum braucht: Den schönsten Blick auf das Rathaus und Aker Brygge mit ihrem Bootsverkehr genießt man von den Mauern der gegenüber gelegenen Festung Akershus. Sie ist übrigens noch heute ein militärisches Gelände, aber das ist nur an einigen Uniformierten, die man dann und wann sieht, und mittags bei der Wachablösung der königlichen Garde zu erkennen.

Kvadraturen | Akershus festning | Straßenbahn: Christiania torv | Mai–Sept. tgl. 6–21 Uhr, Okt.–April tgl. 7–21 Uhr | 13.30 Uhr Wachablösung

2 Auf dem Operndach E7

Es ist einzigartig: das begehbare Dach des Opernhauses, das sich als geneigte Ebene aus weißem Marmor aus dem Oslofjord erhebt. Ein herrlicher Platz, um fantastische Ausblicke auf Stadt und Fjord zu genießen.

Sentrum, Bjørvika | Kirsten Flagstads plass 1 | T-bane: Jernbanetorget

3 Inselrundfahrt 🚶 B/E 8

Nach einer ausgedehnten Inselrundfahrt zum Preis einer Einzelfahrkarte für den Bus oder, wenn man den Oslo Pass besitzt, völlig umsonst, wird man wohl lange suchen müssen. Die Bootslinien 92 und 93 gehören zu den Osloer Nahverkehrsbetrieben, verbinden die Inseln im Oslofjord mit dem Stadtzentrum und verkehren das ganze Jahr über. Während der Tour kann man beliebig oft an den verschiedenen Stationen aus- und zusteigen.

Die Inseln haben zu jeder Jahreszeit ihren Reiz: Im Frühjahr kann man durch die neu erwachte Natur auf Hovedøya wandern und historische Monumente erkunden, im Sommer steuert man diverse Badeplätze an im Herbst zeigt sich die Natur in den wunderbarsten Farben und Stimmungen und im Winter ist der Fjord oft bis auf ein paar Fahrrinnen zugefroren – am Wochenende tummeln sich zuweilen viele Spaziergänger auf dem Eis.

Im Winter verkehrt das Boot nur drei- bis viermal täglich. Der Fahrplan variiert je nach Jahreszeit.

Sentrum | Straßenbahn: Aker Brygge, T-bane/Bus: Nationaltheatret | 30 NOK (gratis mit Oslo Pass)

4 Fahrt zum Frognerseteren
 nördl. B 1

Wenn man nach einigen Stunden auf den Beinen mal eine Pause braucht – warum das nicht mit einer kleinen Ausflugsfahrt verbinden? Wie wunderschön Oslo in seine grüne Umgebung eingebunden ist, sieht man am besten bei einer Fahrt mit der T-Bahn, Linie 1 Richtung Frognerseteren. Zusteigen kann man überall zwischen Grønland und Majorstua, ab Majorstua fährt der Zug oberirdisch. Die kurvenreiche Strecke windet sich den Berg Richtung Holmenkollen empor und immer eröffnen sich herrliche Aussichten. Tipp: Auf dem Weg nach oben in Fahrtrichtung links setzen, so verpasst man nicht den Blick ins Tal hinab auf den See Bogstadvannet.

T-bane: Grønland, Oslo S, Stortinget, Nationaltheatret oder Majorstua | 30 NOK (gratis mit Oslo Pass)

5 Bummel in der Gartenstadt

Die Gartenstadtbewegung erreichte in der Zeit um den Ersten Weltkrieg auch Oslo. In der übervölkerten Stadt wollte man so gesunden Wohnraum für Arbeiter im Grünen schaffen. Heute gelten diese Siedlungen als die

angenehmsten und ansprechendsten Wohnviertel der Stadt, die immer auch zu einem Spaziergang einladen.

– Lille Tøyen hageby | Bus: Hasle kirke (von dort durch eine der Türen in der Lärmschutzwand gehen) G 5

– Ullevaal hageby | Bus: Eventyrveien D 3

6 Aufwartung bei den toten Dichtern E 5–6

Einige der größten Dichter Norwegens sind auf dem ziemlich zentral gelegenen Friedhof Vår Frelsers Gravlund begraben, so auch Henrik Ibsen und Bjørnstjerne Bjørnson. Wo könnte man ihrer Werke besser gedenken als in dieser wunderbaren Anlage? Tipp: Die größeren Buchhandlungen haben auch eine kleine Auswahl norwegischer Literatur auf Englisch und Deutsch. Und wenn es mal regnet oder auf den Bänken zu ungemütlich ist, gibt es in der Umgebung auch schöne Cafés.

Vår Frelsers Gravlund | Akersbakken 32 | Bus: Stensberggata

7 Lunch auf der Terrasse des Ekebergrestaurants F 7

In Oslo und Umgebung gibt es einige wunderbare Gebäude im Stil des skandinavischen Funktionalismus und eines der schönsten ist das Restaurant Ekeberg. Es ist nicht nur eine Perle der Architektur, sondern auch eines der besten Restaurants in Oslo. In den Sommermonaten kann man hier auf der Terrasse gemütlich Pause machen und die fantastische Aussicht über Stadt, Fjord und Inseln auf sich wirken lassen. Ein anschließender Bummel durch den neuen Skulpturenpark macht den Genuss perfekt.

Ekeberg | Kongsveien 15 | Straßenbahn: Sjømannsskolen | Tel. 23 24 23 00, www.ekebergrestauranten.com | Mo–Sa 11–24, So 11–22 Uhr

8 Sommertag auf Langøyene südl. D 8

Wer im Osloer Sommer mal eine längere Auszeit braucht, für den gibt es keinen besseren Platz als Langøyene. Das waren ursprünglich zwei längliche Inseln, die zu einer verbunden wurden. Dort kann man sich ungestört entspannen, sonnen, baden, am Kiosk ein Eis kaufen, lesen … eben alles, was zu einem Sommertag am Strand dazugehört. Kein Wunder, dass die Insel zu den beliebtesten Badeplätzen der Osloer gehört. Dorthin kommt man mit der Bootslinie 94 vom Rathaiskai, die nur im Sommer verkehrt.

Sentrum | Straßenbahn: Aker Brygge, T-bane/Bus : Nationaltheatret | Fahrt: 30 NOK (gratis mit Oslo Pass)

9 Sognsvann nördl. D 1

Ein beliebter Sonntagsspaziergang für Osloer und auch andere Flaneure, die nicht nur sonntags Zeit haben: einmal rund um den kleinen See Sognsvann. Die Tour ist zu jeder Jahreszeit beliebt, im Winter auch mit Skiern, und locker in einer guten Stunde machbar. Hin kommt man direkt mit der T-bane, Linie 3. Wenn man etwas mehr Zeit hat: Rund um das Sognsvann gibt es mehrere Grillplätze. Würstchen, Getränke und einen Einmalgrill bekommt man in jedem Kiosk (»geistige« Getränke muss man allerdings mitbringen). Streichhölzer nicht vergessen!

Sognsvann | T-bane: Sognsvann

10 Ein Bad im Fluss 👫   🍃 G1

Zugegeben, das ist keine Aktivität für das ganze Jahr. Aber im Sommer kommt es in Oslo durchaus vor, dass eine Abkühlung sehr willkommen ist. Auf seinem ersten Kilometer ist der Fluss Akerselva zu einem kleinen Badesee, dem Brekkedammen, aufgestaut. Einfach Badesachen und ein Handtuch mitnehmen und schon hat man alles, was man für ein erfrischendes Bad im klaren Flusswasser braucht. Am Ufer kann man auch picknicken. Das alles lässt sich gut mit einem Besuch im Norsk Teknisk Museum (▶ S. 116) verbinden, das nur wenige Gehminuten flussabwärts liegt.

Kjelsås | Bus: Kjelsås stasjon

11 Korketrekkeren 👫   🍃 nördl. B1

In der Wintersport-Metropole Oslo kann man nicht nur auf Brettern den Berg hinabgleiten. Ein großer Spaß im Winter ist eine Rodeltour auf dem Korketrekkeren, dem »Korkenzieher« (der Name verrät einiges über den Streckenverlauf von Oslos längster Rodelbahn). Den Schlitten leiht man sich gleich in der Nähe des Restaurants Frognerseteren, und dann saust man die Strecke in acht bis zehn Minuten hinab zur Station Midtstuen. Dort mit dem Schlitten in die T-bane und wieder hinauf zum Frognerseteren. Bei Bedarf wiederholen, ansonsten mit einer Tasse Kaffee oder heißer Schokolade im Kafe Seterstua aufwärmen.

Holmenkollen | T-bane: Frognerseteren | www.akeforeningen.no | wenn Schnee liegt Mo–Sa 10–21 Uhr, So 10–18 Uhr | Schlittenverleih pro Tag 100 NOK, Kinder 80 NOK

NEU ENTDECKT
Darüber spricht ganz Oslo

Oslo befindet sich stetig im Wandel: Sehenswürdigkeiten werden eingeweiht, es gibt neue Museen, Galerien und Ausstellungen, Restaurants und Geschäfte eröffnen und ganze Stadtviertel gewinnen an Attraktivität, die Stadt verändert ihr Gesicht. Hier erfahren Sie alles über die jüngsten Entwicklungen – damit Sie keinen dieser aktuell angesagten Orte verpassen.

◄ Oslo hat wieder seinen Fjordzugang: die Promenade in Tjuvholmen (▶ S. 17).

SEHENSWERTES

Tjuvholmen 🏷 D7

In anderen Städten ist die Skyline ständig in Entwicklung, in Oslo ist es die Küstenlinie. Nach dem spektakulären neuen Opernhaus ist diesmal auf einem alten Hafengelände gleich ein ganzer Stadtteil entstanden. Im Lauf des Jahres 2014 wurden die letzten Gebäude auf dem neuen Areal fertiggestellt, das den Namen »Tjuvholmen« trägt und aus einer Halbinsel und zwei Inseln besteht, die alle durch Brücken verbunden sind.

Zur Entstehung von Tjuvholmen trugen einige namhafte Architekten bei, so auch Renzo Piano, der das neue Gebäude des Astrup-Fearley-Museum entworfen hat. Neben dem Museum gibt es hier vor allem Wohnungen, Büros, Restaurants und Geschäfte, aber auch ein Luxushotel, einen Skulpturenpark, einen Badestrand.

Tjuvholmen war einst die »Diebesinsel«, weil hier in vergangenen Jahrhunderten Hinrichtungen stattfanden. An Diebe erinnert nur noch der Name – in manchen Etablissements ist man allerdings auch bei den Preisen versucht, an Dieberei zu denken.

Tjuvholmen | Bus: Bryggetorget | www.tjuvholmen.no

Tjuvtitten

Im Aussichtsturm Tjuvtitten (»Der verstohlene Blick«) gleitet man in einem gläsernen Aufzug auf eine Höhe von 54 m und genießt dort einen grandiosen Blick auf Stadt, Fjord und die umliegenden Hügel.

Tjuvtitten | Albert Nordengens plass | Bus: Bryggetorget | Mai–Sept. | Eintritt 20 NOK

MUSEEN UND GALERIEN

Astrup Fearnley Museet for Moderne Kunst 🏷 D7

Dieses private Museum widmet sich strikt der modernen Kunst der letzten Jahrzehnte. Es wurde 1993 von der Reederfamilie Fearnley gegründet, in deren Ahnenreihe sich auch der norwegische romantische Maler Thomas Fearnley findet. Seit 2012 hat es nun mehr Platz gefunden in einem vom Stararchitekten Renzo Piano entworfenen Gebäude auf Tjuvholmen.

Das Museum besitzt eine eigene Sammlung mit Werken so namhafter Künstler wie Andy Warhol, Anselm Kiefer, Gerhard Richter, Bruce Nau-

man, Francis Bacon, Cindy Sherman und Damien Hirst. Interessant sind hier aber auch die Wechselausstellungen, die internationale Avantgardekunst auf der Höhe der Zeit zeigen. Im Museumskomplex ist dafür ein eigenes Gebäude reserviert. Bei Ausstellungsprojekten kooperiert das Haus mit renommierten Sammlungen weltweit.

Das Museum fügt sich in einen Skulpturenpark ein, der direkt am Fjord liegt und wie das Gebäude von Renzo Piano geplant worden ist.

Tjuvholmen | Strandpromenaden 2 | Straßenbahn: Aker Brygge, Bus: Bryggetorget | www.afmuseet.no | Di, Mi, Fr 12–17, Do 12–19, Sa, So 11–17 Uhr | Eintritt 100 NOK, Kinder frei

Ekebergparken skulpturpark F 8

Am Südrand des mittelalterlichen Oslo erhebt sich eine Anhöhe namens Ekeberg. War diese bisher vor allem von archäologischem und geologischem

Interesse, so dürften sich seit Kurzem auch Kunstfreunde dafür interessieren. Im September 2013 eröffnete nämlich dort ein Skulpturenpark. Dieser geht auf eine Initiative des Kunstmäzens und Brauerei-Erben Christian Ringnes zurück, der auch einen Großteil der Kunstwerke beigesteuert hat. In der weitläufigen Anlage, die von Spazierwegen durchzogen ist, werden derzeit über 30 Skulpturen ausgestellt, die teilweise von so namhaften Künstlern wie Salvador Dalí und Auguste Rodin stammen – eine einzigartige Verbindung von Natur- und Kunsterlebnis.

An vielen Stellen des Parks kann man auch eine wunderbare Aussicht auf Stadt und Fjord genießen. Zur leichteren Orientierung gibt es übrigens eine App für iPhone und Android.

Dem Park angeschlossen ist das Ekebergparken museum for historie og natur. Das Museum ist in einer historischen »Schweizervilla« untergebracht und geht auf die Natur sowie das reiche historische Erbe des Gebiets ein. Hier finden sich nämlich die frühesten Besiedlungsspuren des gesamten Osloer Raumes, die ca. 10 000 Jahre zurückreichen.

Gamle Oslo | Ekebergparken/Kongeveien 23 | Straßenbahn: Oslo Hospital/ Sjømannsskolen, Bus: Brannfjellveien | Museum Nov.–April Sa, So 11–16 Uhr | Eintritt frei

ÜBERNACHTEN

The Thief D 7

Kunst und Logie – Oslos neuer Stern am Hotel-(und Architektur-)Himmel hat sich bei der originellen Namenswahl (übersetzt heißt »Thief« Dieb) von der Lage auf Tjuvholmen inspirieren lassen. Ähnlich extravagant wie der Name ist in diesem direkt am Fjord gelegenen Designhotel das Interieur, das man als »verspielt postmodernistisch« charakterisieren könnte. Die Nähe zum Astrup-Fearnley-Museum hat man produktiv genutzt, denn das Hotel leistet sich einen eigenen Kunstkurator, der die 119 Räume individuell mit Leihgaben aus dem Museum ausstattet. Eine der Suiten wurde sogar komplett von der Künstlergruppe Apparatsjik gestaltet.

Erwähnenswert ist auch die Spa-Landschaft auf 800 qm, die auch Nicht-

Hotelgästen zugänglich ist. Für Gäste, die mit dem Boot anreisen, gibt es übrigens eigene Bootsliegeplätze.

Tjuvholmen | Landgangen 1 | Straßenbahn: Aker Brygge, Bus: Bryggetorget | Tel. 24 00 40 00 | www.thethief.com | 119 Zimmer | €€€€

ESSEN UND TRINKEN

Maaemo
🚩 F 6

Sensationell – Noch nie hat es ein norwegisches Restaurant geschafft, aus dem Stand zwei Sterne im Guide Michelin zu ergattern. Küchenchef Esben Holmboe Bang hat mit seinen beiden Kompagnons einen Treffpunkt für Gourmets geschaffen, dessen klares puristisches Interieurdesign das kulinarische Konzept spiegelt: Auf den Tisch kommen ausschließlich Gerichte aus regionalen ökologischen Rohwaren, also viel Fisch, Meeresfrüchte und Gemüse, und wenn Fleisch, dann norwegisches Wild. Das Menü (es gibt nur eines) besteht aus einer Abfolge von vielen kleinen Gängen, die gerne norwegische bäuerliche Esstraditionen anklingen lassen – alles sehr raffiniert. Derzeit wohl die Top-Adresse in Oslo.

Grønland | Schweigaards gate 15 | Straßenbahn/Bus: Bussterminalen Grønland | Tel. 91 99 48 05 | www.maaemo. no | Tel. 91 99 48 05 | Di–Fr ab 18, Sa 11.30–15.30, ab 18.30 Uhr | €€€€

🚩 Weitere Neuentdeckungen sind durch dieses Symbol gekennzeichnet.

Auf der Dachterrasse des Designhotels The Thief (▶ S. 18) im superschicken Stadtteil Tjuvholmen genießt man den Ausblick über die Stadt und den Oslofjord.

Sommernacht direkt am Kai des Oslofjords, in einer Bar in Aker Brygge (▶ S. 73).

OSLO
ERLEBEN

ÜBERNACHTEN

Bekanntlich ist Oslo eine der teuersten Städte der Welt, und die Preise für Unterkunft machen leider keine Ausnahme. Dafür wird man durch die zentrumsnahe Lage der meisten Hotels und Pensionen, besten Service und ein sensationelles Frühstück entschädigt.

Ein absoluter Pluspunkt für die Osloer Hotels und Pensionen ist in den meisten Fällen das mehr als üppige Frühstücksbuffet, das wirklich alles enthält, was man als Mitteleuropäer für den Start in den Tag erwarten kann, inklusive einiger warmer Speisen und diverser Fischspezialitäten, einer Auswahl an typisch norwegischem Käse und verschiedenen Sorten Brotes. Das Frühstück ist üblicherweise im Zimmerpreis inbegriffen.

INDIVIDUELL UND AUFMERKSAM

Vergleichsweise gering ist die Auswahl an Pensionen und Bed & Breakfasts. Für den schmaleren Geldbeutel existieren dennoch einige gute Alternativen, auch abseits des üblichen Hostel-Angebots.
Norwegen ist ein Land, das auf dem Gebiet der Inklusion, der gesellschaftlichen Gleichstellung von Menschen mit Handicap, sehr engagiert

◀ Exklusiv für Damen: der Ladies' Floor
im traditionsreichen Grand Hotel (▶ S. 23).

ist. Hotels bilden dabei keine Ausnahme und fast alle haben behinderten-gerechte Zimmer. Einschränkungen gibt es manchmal für Personen mit Blindenhund, sie müssen oft mit Raucherräumen vorlieb nehmen.

Da Oslo nur über eine begrenzte Kapazität an Hotels verfügt, ist es empfehlenswert, früh zu reservieren. Besonders in den Sommermonaten kann es schwierig werden, kurzfristig ein Hotelzimmer zu bekommen. Online bestellen kann man unter www.visitoslo.com. Dort lässt sich auch das Oslo-Paket (Oslo Pakke) buchen, das besonders für Reisende mit Kindern interessant ist, denn neben dem Oslo Pass für 96 Stunden enthält es eine Gratis-Übernachtung für zwei Kinder.

BESONDERE EMPFEHLUNGEN

Cochs Pensjonat   🏊 D 5

Preiswert für Nachtschwärmer – Die alteingesessene Pension genießt einen sehr guten Ruf als einfache und günstige Unterkunft. Freilich darf man hier keinen Luxus erwarten; so sind etwa die billigsten Zimmer ohne eigenes Bad. Doch die Übernachtungspreise sind in dieser Lage unschlagbar und die Zimmer sind modern, hell und freundlich eingerichtet.

Cochs Pensjonat hat inzwischen sogar literarischen Ruf erlangt: mehrere Zimmer sind nach Schriftstellern benannt, die dort gewohnt haben, und auch Lars Saabye Christensens Roman »Der Halbbruder« spielt übrigens in großen Teilen hier. Die Lage gleich hinter dem Schloss macht Cochs Pensjonat zu einem idealen Ausgangspunkt für Sightseeing und für Erkundungen des Osloer Nachtlebens.

Sentrum | Parkveien 25 | Straßenbahn: Høyskolesenteret, Welhavens gate | Tel. 23 33 24 00 | www.cochspensjonat.no | 88 Zimmer | €

Grand Hotel   🏊 E 6

An der Karl Johan – Kein anderes Hotel in Oslo hat solch ein Renommee wie das Grand Hotel. Inzwischen mag es noch luxuriöser ausgestattete Unterkünfte geben, moderne Glas-und-Stahl-Paläste, doch so eine Geschichte wie die des Grand Hotel kann man sich nicht kaufen. 1874 eröffnet, wurde das Haus mit seinem berühmten Grand Café ein Treffpunkt bekannter Persönlichkeiten. Henrik Ibsen wie auch Friedtjof Nansen waren Stammgäste. Traditionsgemäß logieren im Hotel die Gewinner des Friedensnobelpreises. In der »Nobel-Suite« haben Martin Luther King, Mutter Teresa und Willy Brandt während der Feierlichkeiten zur Nobelpreisverleihung übernachtet und im ehrwürdigen Festsaal findet das alljährliche Nobelpreisbankett statt. Das Hotel hat eine eigene Etage für weibliche Gäste, den Ladies' Floor. Perfekt ist auch die Lage direkt an der Prachtstraße Karl Johans gate, gegenüber vom Parlament und unweit aller Sehenswürdigkeiten des Zentrums. Von der Terrasse der Bar im Dachgeschoss hat man eine gute Aussicht über die Innenstadt.

Sentrum | Karl Johans gate 31 | T-bane: Stortinget | Tel. 2 32 12 00 | www.grand. no | 290 Zimmer | €€€€

Grims Grenka 🚩 E 6

Cooles Design – »Skandinaviens erstes Designhotel« eröffnete im Frühjahr 2008. Das Interieur der Zimmer und Suiten ist nach den Themen »Sommer« oder »Winter« entworfen und besticht durch klare Linien, starke, aber nicht grelle Farbflächen und raffinierte Beleuchtung. Schicke Lounge auf dem Dach.

Sentrum, Kvadraturen | Kongens gate 5 | Straßenbahn: Kongens gate, Dronningens gate | Tel. 23 10 72 00 | www.grimsgrenka.no | 66 Zimmer | €€€€

Holmenkollen Park Hotel Rica 🚩 A 1

Im Grünen – Zugegeben, zentral liegt dieses Hotel nicht gerade, doch der Standort auf dem **Holmenkollen** 🔟 besticht durch andere Vorteile: Hier kann man in unmittelbarer Nähe der weltberühmten Skisprungschanze logieren und die fantastische Aussicht auf Stadt und Fjord genießen. Ein weiterer Pluspunkt ist die einzigartige Architektur, denn die ältesten Teile des Hotels stammen aus dem 19. Jh. und sind im charakteristischen Drachenstil erbaut. Spätere Erweiterungen wurden diesem angepasst. Naturgemäß spielt in diesem Hotel der Sport, speziell der Wintersport, eine große Rolle, was man schon am Interieur sehen kann. Die Lage in der Natur ist ideal für Wander- und Skifreunde,

man kann im Winter direkt vor dem Hotel auf die Loipe, im Sommer auf den Wanderweg gehen. Doch auch das Stadtzentrum ist bequem mit einer Fahrt mit der Holmenkollenbahn zu erreichen.

Holmenkollen | Kongeveien 26 | T-bane: Holmenkollen | Tel. 22 92 20 00 | www.holmenkollenparkhotel.no | 336 Zimmer | €€€

PS:hotell 🚩 ▶ E 5

Sozial und zentral – Auf dem Vulkan-Gelände, einem ehemaligen Industrieareal am Westufer der Akerselva, liegt dieses Hotel mit dem eher sperrigen Namen, das sich »Inklusion« auf die Fahnen geschrieben hat. Konkret bedeutet das: Die Mitarbeiter sind zum Teil Personen, denen hier die Wiedereingliederung ins Arbeitsleben ermöglicht wird. Gleichzeitig bemüht man sich, Reisenden mit besonderen Bedürfnissen möglichst gerecht zu werden. So gibt es Zimmer für Behinderte mit angeschlossenem Raum für Betreuungspersonen, aber auch Familienzimmer für bis zu fünf Personen. Die günstigen Zimmer sind ohne Schnickschnack in einem tough-urbanen Stil eingerichtet und sprechen ein eher jüngeres Publikum an. Von hier aus sind sowohl das Zentrum mit seinen Sehenswürdigkeiten als auch das Trendviertel Grünerløkka schnell erreichbar.

Grünerløkka | Maridalsveien 13 C | Straßenbahn: Olaf Ryes plass, Bus: Telthusbakken | Tel. 23 15 65 00 | www. pshotell.no | 31 Zimmer | €€

The Thief 🚩 D 7

Radikaler Chic – Oslos neuer Stern am Hotel-(und Architektur-)Himmel.

Das Holmenkollen Park Hotel Rica (▶ S. 24) wurde 1894 im charakteristischen Drachenstil erbaut. Es ist idealer Ausgangspunkt für Wanderungen – zu Fuß oder per Ski.

Ähnlich extravagant wie der Name, man hat sich dabei von der Lage auf Tjuvholmen, was übrigens »Diebesinsel« heißt, inspirieren lassen, ist in diesem Designhotel am Fjord das Interieur, das man als verspielt postmodernistisch charakterisieren könnte. Die Nähe zum Astrup-Fearnley-Museum hat man genutzt, denn das Hotel leistet sich einen eigenen Kunstkurator, der die 119 Räume individuell mit exklusiven Leihgaben aus dem Museum ausstattet. Eine der Suiten wurde sogar komplett von der Künstlergruppe Apparatsjik gestaltet.

Erwähnenswert ist auch die Spa-Landschaft auf 800 qm, die wie auch das fantastische Wellness-Verwöhnprogramm von Nicht-Hotelgästen genutzt werden kann. Für Gäste, die mit dem Boot anreisen, gibt es übrigens eigene Bootsliegeplätze. Mehr Luxus geht kaum.
Tjuvholmen | Landgangen 1 | Straßenbahn: Aker Brygge, Bus: Bryggetorget | Tel. 24 00 40 00 | www.thethief. com | 119 Zimmer | €€€€

Preise für ein Doppelzimmer mit Frühstück:

€€€€ ab 2000 NOK	€€€ bis 2000 NOK
€€ bis 1500 NOK	€ bis 800 NOK

ESSEN UND TRINKEN

*Die norwegische Küche gilt als robust und bodenständig, und Fisch
steht im Mittelpunkt. Bisher orientierten sich viele Restaurants an
internationaler Kochkunst, doch heute schätzt man immer mehr
heimische Produkte und variiert kreativ traditionelle Rezepte.*

Im Gegensatz etwa zur italienischen oder französischen Küche ist die
norwegische Kochkunst international kaum präsent. Traditionelle norwegische Gerichte sind recht einfach und bäuerlich geblieben und das
Verfeinerungspotenzial von Nationalgerichten wie »Fårikål«, einem Ein-
topf aus Weißkohl und Schafsfleisch, oder »Kjøttkaker«, Frikadellen, ist
naturgemäß begrenzt. Daher haben sich bis vor nicht allzu langer Zeit
kulinarisch anspruchsvolle Norweger am Ausland orientiert, die gehobenen Restaurants warteten mit internationaler, besonders französisch-
mediterraner Raffinesse auf und man tat sich recht schwer, Restaurants
zu finden, die mit lokalen Spezialitäten reüssierten.
Hier ist in den letzten Jahren viel in Bewegung gekommen. Junge Köche
entdeckten in den 1990er-Jahren die hochwertigen einheimischen Rohwaren neu und begannen damit, an norwegische Küchentraditionen an-

◄ Gern nimmt man im Freien einen Drink:
vor der Bar Boca (► S. 90) in Grünerløkka.

zuknüpfen, freilich kreativ und in verfeinerter Form. Fisch spielt dabei traditionell eine wichtige Rolle; es gibt eine Reihe exzellenter Fischrestaurants. Daneben werden Zutaten bevorzugt, die aus der Region kommen, »kortreist« nennen die Norweger das.

GUT ZU WISSEN

Ein anderer Trend: Oslo hat sich zu Skandinaviens Kaffeehauptstadt entwickelt; es gibt eine Reihe kleiner exzellenter Kaffeeröstereien, wo man Bohnen kaufen und auch Kaffee trinken kann. Hier gewinnt übrigens der gute alte Filterkaffee wieder an Bedeutung.

Das Frühstück der Norweger fällt normalerweise sehr reichhaltig aus, dafür essen sie mittags nur eine Kleinigkeit, oft etwas Kaltes, und nennen das »lunsj«. Ihre Hauptmahlzeit, die am späten Nachmittag oder frühen Abend eingenommen wird, heißt »middag«. Auch im Restaurant kann man schon um 18 Uhr zu Abend essen, selbstverständlich auch später. Die meisten Restaurants haben volles Schankrecht (»alle rettigheter«, also für Bier, Wein und Spirituosen), es gibt aber Ausnahmen. Alkoholische Getränke sind für gewöhnlich ziemlich teuer, besonders gilt das für Wein. Generell ist das Preisniveau sehr hoch; auch in einem durchschnittlichen Restaurant zahlt man leicht 25 € für ein Hauptgericht.

BESONDERE EMPFEHLUNGEN

Crowbar & Bryggeri   🍴 E 6

Für echte Bierfreunde – Unter den Gastro-Pubs und Mikrobrauereien Oslos (von denen es eine beträchtliche Anzahl gibt) zeichnet sich dieses Lokal durch die Auswahl aus: Hier gibt es neben Selbstgebrautem in mehreren Varianten (das direkt neben der Theke hergestellt wird) auch etliche Biere aus anderen norwegischen und ausländischen Mikrobrauereien und immer zwischen 15 und 20 Sorten Bier vom Fass. Das Speisenangebot ist übersichtlich, denn man kommt ja in erster Linie zum Biertrinken hierher. Das Schweinekebab gilt jedoch als Favorit vieler Stammgäste. Für Gruppen wird – auf Vorbestellung – auch ein Spanferkel im Steinofen gebraten.

Sentrum | Torggata 32 | Bus: Calmeyers gate | Tel. 21 38 67 57 | tgl. 15–3 Uhr

Fjord   🍴 E 6

Fisch für Gourmets – Wer sich nichts aus Fisch macht, sollte um dieses Restaurant einen großen Bogen machen. Das Menü (wahlweise drei, vier oder fünf Gänge) wechselt zwar ständig, doch eines bleibt konstant: serviert werden ausschließlich Fisch und Meeresfrüchte. Das modern-elegante

Dekor passt mit seinen Blautönen und raffinierter Beleuchtung vorzüglich zum Thema und der Service ist ausgezeichnet; zu allen Gerichten können die Kellner kundig Auskunft erteilen. Auf die Menüs ist die Weinkarte hervorragend abgestimmt.

Sentrum | Kristian Augusts gate 11 | Straßenbahn: Tullinløkka | Tel. 22 98 21 50 | www.restaurantfjord.no | Di–Sa 17–22 Uhr | €€€

Fuglen   E 6

Retro Chic – In den letzten beiden Jahrzehnten sind in Oslo Kaffeebars wie Pilze aus dem Boden geschossen; Fuglen (»Vogel«) gehört nicht zu den Neugründungen, denn hier wird schon seit 1963 Kaffee verkauft. Was Fuglen einzigartig macht: Es repräsentiert eigentlich drei Geschäfte gleichzeitig. Tagsüber eine Kaffeebar mit Kaffeeverkauf, am Abend eine schicke Cocktailbar und zu allen Tageszeiten ein Interieurgeschäft mit Retro-Möbeln und Accessoires, vor allem aus den 1950ern und 1960ern. Denn alles, was es im Laden an Ausstattung gibt, kann man kaufen: Stühle, Lampen, Dekoration. Kein Wunder, dass über Fuglen regelmäßig in Einrichtungszeitschriften geschrieben wird, insbesondere seit es eine Dependance in Tokio gibt.

Sentrum | Universitetsgata 2 | Bus: St. Olavs plass, Straßenbahn/Bus: Tul in-løkka | Tel. 22 20 08 80 | www.fuglen. no | Kaffeebar: Mo–Fr 7.30–18, Sa 12–18, So 12–17 Uhr | Cocktailbar: Mi, Do 7.30–1, Fr, Sa 19–3 Uhr

Illegal Burger   E 6

Besser, als die Polizei erlaubt – Der Fluch gehobener Ansprüche: Wer hier einmal einen Burger probiert hat, mag sich nicht mehr mit 08/15-Ware zufriedengeben. Bei diesen Burgern sind sowohl Zutaten wie auch Zubereitung – selbstverständlich auf dem Holzkohlengrill – hervorragend. Alle Burger gibt es in den Varianten Rind, Fisch oder Vegetarisch. Dazu – das ist nicht nur für Oslo ungewöhnlich – nicht nur eine Bier-, sondern auch eine Weinauswahl. Der Zuspruch ist enorm und daher ist das Lokal meist ziemlich voll. Also: kein Ort für ein ausgedehntes Abendessen, sondern eher für zwischendurch, aber dann vom Besten.

Sentrum | Møllergata 23 | Bus: Hammersborggata | Tel. 22 20 33 02 | tgl. 16–23 Uhr | €€

Restaurant Fauna 🚩   D 6

Norwegen auf dem Teller – Eine Rundreise durch Norwegens Fauna (und teilweise Flora) kann man im erst kürzlich mit Michelin-Stern dekorierten Restaurant Fauna unternehmen, denn das Restaurant ist eines von denen, die sich die Verfeinerung exzellenter nordischer Rohwaren zum Ziel gesetzt haben. Also: Fisch und Meeresfrüchte aus heimischen Gewässern, norwegisches Lamm etc. Dabei kann man durchaus auch Entdeckungen machen, wie eher ungewöhnliche Käsesorten oder Seetang als Beilage zu einem Hummer.

Das Preis-Leistungs-Verhältnis ist für norwegische Verhältnisse und Restaurants dieses Niveaus fast sensationell: ein Fünf-Gänge-Menü zu rund 10 €.

Frogner | Solligata 2 | Straßenbahn/ Bus: Solli | Tel. 41 67 45 43 | www. restaurantfauna.no | Di–Sa ab 18 Uhr | €€€–€€€€

Im feinen Restaurant Statholdergaarden (▶ S. 29), einst die Residenz des königlichen Statthalters, werden Gourmets mit exzellentester Küche verwöhnt.

Statholdergaarden ⚑ E 6

Historische Umgebung – Statholdergaarden ist eines der fünf Osloer Restaurants mit einem Michelin-Stern. Die vorzügliche Küche des Bocuse-d'Or-Gewinners Bent Stiansens ist eher traditionell kontinental geprägt, also genau das Richtige für die Liebhaber eines französisch inspirierten mehrgängigen Menüs mit ausgezeichneter Weinbegleitung. Der Service ist ebenfalls kundig und tipptopp.

Das besondere Extra des Gourmettempels ist die gediegene Atmosphäre des historischen Gebäudes, einem der ältesten Oslos, in dem im 17. und 18. Jh. der Statthalter des dänischen Königs in Norwegen residierte – daher der Name »Statholdergaarden« (Statthalterhof).

Sentrum, Kvadraturen | Rådhusgata 11 | Straßenbahn: Christiania torv | Tel. 22 41 88 00 | www.statholdergaarden.no | Mo–Sa 18–24 Uhr | €€€€

Weitere empfehlenswerte Adressen finden Sie im Kapitel OSLO ERKUNDEN.

Preise für ein dreigängiges Menü:

€€€€	ab 500 NOK	€€€	bis 500 NOK
€€	bis 350 NOK	€	bis 200 NOK

Grüner reisen
Urlaub nachhaltig genießen

Wer zu Hause umweltbewusst lebt, möchte vielleicht auch im Urlaub Menschen unterstützen, denen ein verantwortungsvoller Umgang mit der Natur am Herzen liegt. Empfehlenswerte Projekte, mit denen Sie sich und der Umwelt einen Gefallen tun können, finden Sie hier.

In Norwegen ist man nicht von ungefähr stolz darauf, traditionell bei gesellschaftlichen Themen eine Vorreiterrolle zu spielen. Im 20. Jh. ist Norwegen immer eines der Länder gewesen, das auf Feldern wie Gleichberechtigung der Geschlechter, Entwicklung der Dritten Welt sowie ökonomische Gerechtigkeit den meisten anderen Nationen voranging; seit dem ausgehenden 20. und beginnenden 21. Jh. sind Umwelt und Ökologie die bestimmenden Themen.

Es existiert also schon lange ein großes Bewusstsein für nachhaltiges Leben und Wirtschaften. Norwegen produziert beispielsweise seinen Strom zu 10 % aus Wasserkraft und setzt sich massiv gegen die Ausbeutung der Meeresressourcen ein. Seit vielen Jahren versuchen die Norweger beispielsweise, die EU-Staaten dazu zu bewegen, niedrigere Fischfangquoten zu beschließen, um die Bestände zu schonen.

Einer der wichtigsten Faktoren, die die Norweger bisher davon abgehalten haben, der EU beizutreten, ist auch die Sorge um die norwegische

Landwirtschaft, die bisher noch weitgehend aus kleinen und mittelgroßen Betrieben besteht. Natürlich wirtschaften nicht alle davon rein ökologisch, doch die riesigen Fleischfabriken und Agrarkonzerne, die anderswo vorherrschend sind, wird man in Norwegen vergebens suchen. Zu alldem kommt, dass die Norweger seit jeher naturverbunden sind und in ihrer Freizeit, wann immer es geht, in die Natur ziehen. Das ist gerade in Oslo, obgleich es sich um eine Großstadt handelt, nicht schwer, ist die Stadt doch im Norden und Südosten von einem mehrere Hundert Quadratkilometer großen Grüngürtel umgeben, der Nord- bzw. Østmarka. Das ist Osloer Naturfreunden lieb und heilig. Auf Hunderten Kilometern durchziehen Wanderwege – im Winter auch Langlaufloipen – die nahezu unberührte Natur mit ihrem reichen Tier- und Pflanzenleben. So gibt es auf dem Osloer Stadtgebiet wild lebende Elche und Luchse – welche andere europäische Hauptstadt kann so etwas schon von sich behaupten? All dies zusammengenommen überrascht es nicht, dass in den vergangenen Jahren immer mehr Geschäfte und Lokale dem Trend zu grünerem Leben Rechnung getragen haben und auf ökologische Produkte setzen. Besonders viele gibt es natürlich im Trendstadtteil Grünerløkka, der dafür quasi schon vom Namen her prädestiniert ist. Aber auch anderswo in Oslo blüht und gedeiht das eine oder andere grüne Pflänzchen.

ÜBERNACHTEN

Carlton Guldsmeden 🚩   ⚑ D 6

Das norwegische Öko-Siegel »Debio« gibt es in drei Farben: Bronze, Silber und Gold, die für einen Anteil von 15 %, 50 % bzw. 90 % ökologisch erzeugter Produkte am Gesamtangebot stehen. Das Hotel Carlton Guldsmeden trägt seit 2013 das goldene Siegel. Verantwortung für die Natur und Nachhaltigkeit sind die Grundprinzipien, nach denen die Guldsmeden-Hotels, deren erstes in Kopenhagen eröffnete, geführt werden. Im Osloer Carlton Guldsmeden beginnt das mit dem Frühstücksbuffet, das mit »reichhaltig« nur unzureichend beschrieben ist und dazu noch aus organischer Produktion stammt, und endet noch nicht im türkisch inspirierten Spa, mit natürlichen Wellnessprodukten. Man braucht kaum zu erwähnen, dass neben den ökologischen Erzeugnissen auch auf Fair-Trade-Produkte und kurze Transportwege geachtet wird.

Daneben besticht das Hotel noch durch einige andere ungewöhnliche Details. Die 53 Zimmer sind liebevoll balinesisch inspiriert eingerichtet. In den hellen Osloer Sommernächten mag mancher mitteleuropäischer Reisender die Verdunkelungsvorhänge schätzen lernen. Statt Fernsehern finden sich in den Zimmern iMacs mit Apple-TV – so kann man auch gleich die nächsten Aktivitäten in Oslo planen! Das Hotel liegt nicht weit von Aker Brygge/Tjuvholmen.

Frogner | Parkveien 78 | Bus: Obser-
vatoriegata | Tel. 23 27 40 00 | www.
guldsmedenhotels.com | 53 Zimmer |
€€

ESSEN UND TRINKEN
Kolonihagen, landhandleri
og økologisk kafé 🔖 C5
Hier bekommt der Ausdruck »ökologische Nische« eine sinnfällige Bedeutung. In einem lauschigen, über und
über mit Blumen geschmückten Innenhof haben die Betreiber des ökologischen Lieferservice »Kolonihagen«
ein Ensemble aus Café, Bäckerei und
Gemüseladen geschaffen. Die Zutaten
für das selbst gebackene Brot sind wie
alle anderen Lebensmittel ökologisch
erzeugt, sogar der Schaum auf dem
fair gehandelten Cappuccino ist aus
Bio-Milch. Ein Blumenladen (der für
den Pflanzenschmuck im Innenhof
zuständig ist) und ein Friseur runden
das Angebot ab.
Frogner | Frognerveien 33A | Straßen-
bahn: Elisenberg | Tel. 99 31 68 10 |
www.kolonihagen.no

EINKAUFEN
Carma 🔖 F5
Damenmode gibt es in diesem schon
von außen auffallenden himmelblauen
Geschäft. Schicke Bekleidung aus Bio-
Baumwolle und ebenso aus Seide,
Leinen, Wolle und Kaschmir, daneben Accessoires wie Taschen, Gürtel
und eine überwältigende Auswahl von
Schals. Dass das Ganze einen leicht in-
disch anmutet, kommt nicht von ungefähr: Der Großteil der Ware stammt
aus fairem Handel mit Nepal und In-
dien. Und 10 % des Ertrags gehen an
Schulprojekte im Himalaya.

Grünerløkka | Olaf Ryes plass 1 | Stra-
ßenbahn: Olaf Ryes plass | Tel. 22 80
52 80

FIN 🔖 E6
Dass ethisches und ökologisches Bewusstsein einerseits und Luxus andererseits kein Gegensatz sein muss, be-
weist dieses norwegische Modelabel
eindrucksvoll.
FIN ist die erste Modefirma weltweit,
die völlig klimaneutral arbeitet. Dazu
kauft sie für die verursachten CO_2-
Emissionen Zertifikate, mit denen
klimafreundliche Energieprojekte in
den Herkunftsländern der Materialien
finanziert werden. Ebenso beeindru-
ckend liest sich die Liste der verwen-
deten Stoffe: organische Baumwolle
und Bambus, handgesponnene Wild-
seide, Alpakawolle. Dass die Produzenten in den Ursprungsländern nach den
Prinzipien des »Fair Trade« behandelt
und bezahlt werden, braucht fast nicht
mehr erwähnt zu werden. In Oslo sind
die Kollektionen des Labels bei Koma
im Kaufhaus Steen & Ström erhältlich.
Sentrum | Nedre Slottsgate 8 | T-bane:
Stortinget | www.finoslo.com

Friends Fair Trade 🔖 E6
Kann man Schokolade mit gutem Gewissen essen? Jedenfalls in Bezug auf
Herkunft und Produktionsbedingun-
gen kann man das, wenn man sie hier
einkauft. Sie heißt »Divine«, kommt
aus Ghana und schmeichelt selbst
dem anspruchsvollsten Gaumen. Daneben führt Friends Hunderte anderer
Waren vor allem aus den Bereichen
Lebensmittel und Mode, die alles eines
gemeinsam haben: Sie stammen aus
fairem Handel.

Der Inhaber des Geschäfts, Per Persson, ist ein Idealist, der den gesamten Überschuss in Entwicklungsprojekte in der Dritten Welt steckt. Da ihm auch die Umwelt ein Anliegen ist, achtet er ebenso darauf, dass so viele seiner Waren möglichst aus ökologischen oder recycelten Rohstoffen hergestellt sind.

Sentrum | Storgata 36B | Straßenbahn: Hausmanns gate | Tel. 2 13 85 00 | www.friendsfairtrade.no

Gimle Økologisk Parfymeri   C 6

Im feinsten und schönsten Frogner gibt es die traditionsreiche Parfümerie Gimle schon seit 1939. 2008 wurde gleich nebenan auch eine Abteilung mit rein ökologischen Pflegeprodukten eröffnet, die damit Vorreiter in Skandinavien ist. Neben dem Verkauf von Kosmetika kann man hier auch diverse andere Service, etwa die Dienste einer Kosmetikerin und einer Visagistin – die selbstredend mit natürlichen Produkten arbeiten –, in Anspruch nehmen, dazu auch homöopathische und naturheilkundliche Beratung. Die rührige Inhaberin Camilla Schjelderup ist mit ihrem Geschäft auch im Internet aktiv und betreibt einen ökologischen Blog zu Themen wie Lebensmittel, Kleidung, Kosmetik und Fair Trade.

Frogner | Bygdøy Allé 39 | Bus: Frogner Kirke | Tel. 22 44 61 42 | www.parfymeri.no

AKTIVITÄTEN

Oslo City and Nature Walks

Zu einer echten Oslo-Erfahrung gehört eigentlich dazu, auch die grüne Umgebung der Stadt zu erkunden – besser, zu erwandern. Für Reisende, die nicht so viel Zeit haben, sich ausführlich mit dem enormen Angebot an Wanderwegen, Hütten und Natur zu beschäftigen, gibt es geführte Wanderungen mit thematischen Schwerpunkten, wie etwa die »Aussichtswanderung« oder die »Vogelgesang-Wanderung«.

Tel. 41 31 87 40 | www.oslowalks.no

Einkaufen mit gutem Gewissen und dabei noch Gutes tun: Im Friends Fair Trade (▶ S. 32) kauft man ausschließlich nachhaltig produzierte Waren zu fairen Preisen.

EINKAUFEN

Sicher gehören die typischen Stricksachen mit traditionellem Norwegermuster zu den Shopping-Favoriten, aber auch an den besonderen Accessoires oder am unvergleichlich edlen Design aus Skandinavien wird man zu Hause lange Freude haben.

Wer schon einmal Weihnachtseinkäufe bei –10 °C und schneidendem Wind gemacht hat, kann sich vorstellen, dass sich große Einkaufszentren, in denen man warm und trocken von Laden zu Laden spazieren und dazwischen noch einen Happen essen kann, in Norwegen ohne großen Widerstand durchgesetzt haben. Mitten im Zentrum von Oslo, gleich neben Bahnhof und Busterminal, haben sich zwei Shoppingcenter etabliert: Oslo City und Byporten. Auch Aker Brygge gleich am Hafen ist nicht weit und durchaus attraktiv.

Auch wenn Einkaufen in Oslo relativ kostspielig ist, kann man das ein oder andere Mitbringsel relativ günstig erstehen. Nicht teurer als in Deutschland sind beispielsweise Textilien und eine Shoppingtour in der Innenstadt oder durch die Boutiquen von Bogstadveien und Hegdehaugsveien kann sich wirklich bezahlt machen. Beim Thema Kleidung

◀ Wärmstens zu empfehlen: ein kuscheliger
Norwegerpullover aus Oslo.

sind wir auch bei einem der beliebtesten (und praktischsten) Souvenirs angelangt, dem Norwegerpullover. Es gibt kaum etwas, was norwegischer ist als ein Strickpullover mit dem traditionellen Setesdalmuster.

SKANDINAVISCHES DESIGN

Einen guten Ruf hat sich in den letzten Jahrzehnten das norwegische Design erworben, das vor allem durch Klarheit und Modernität besticht. Im Szeneviertel Grünerløkka haben in jüngster Vergangenheit zahlreiche kleine Geschäfte aufgemacht, in denen Designer ihre eigenen Kreationen – das gilt auch für den Modebereich – präsentieren.

NORWEGISCHE SPEZIALITÄTEN

Etwas schwieriger wird es, wenn man auf der Suche nach traditionellen kulinarischen Spezialitäten ist. Aber einige wenige Geschäfte halten die Fahne norwegischer Esskultur hoch. Hier gibt es manche heimische Spezialität, wie etwa den Schafsschinken »fenalår«.

Die Öffnungszeiten in Oslo sind denen in Deutschland nicht unähnlich. Gewöhnliche Läden wie auch Einkaufszentren schließen meist um 20 Uhr; Supermärkte sind oft bis 22 Uhr geöffnet. Eine norwegische Besonderheit ist, dass der Bierverkauf im Supermarkt oft einige Stunden vor Ladenschluss beendet wird. Alkoholische Getränke über 5 % erhält man nur im staatlichen Vinmonopolet. In Oslo gibt es 24 solcher Läden, u. a. im Einkaufszentrum Oslo City und Stehen & Strøm.

BESONDERE EMPFEHLUNGEN

DESIGN UND WOHNEN

GlasMagasinet Stortorvet ◣◢ E 6

Es ist eines der ältesten Fachgeschäfte seiner Art in Oslo, das sich hier schon 1860 als »Christiania Glasmagasin« etabliert hatte. Auf vier Etagen gibt es Designprodukte, vor allem Glas, Mode u. v. m., wobei der Schwerpunkt auf skandinavischen Marken liegt.

Sentrum | Stortorvet 9 | Straßenbahn: Stortorvet | www.glasmagasinet.no

House of Oslo ◣◢ D 6

Skandinavisches Design hat seit über einem halben Jahrhundert einen guten Ruf. Sei es in den Bereichen Glas/Porzellan oder im Möbeldesign. Der skandinavische Stil besticht durch klare unverschnörkelte Entwürfe, die modern sind, ohne kalt oder seelenlos zu sein. Im Einkaufszentrum House of Oslo sind auf vier Etagen eine ganze Reihe von Geschäften versammelt, bei denen es um Form, Farbe und Funktion geht. Vom Möbelgeschäft über Interieur- und Geschirrläden bis – ja – zum Friseur. Bekannte Marken sind hier ebenso vertreten wie Objekte kleiner, unbekannter Designer, superpuristisches Muji-Design neben verspielt buntem und jungem Design aus Norwegen. Hier findet garantiert jeder etwas, was ihm gefällt.

Sentrum, Vika | Ruseløkkveien 26 | Straßenbahn: Vikatorvet | www.house ofoslo.com

KULINARISCHES

Fenaknoken ⚑ D 6

Oslos beste Adresse für erstklassige traditionelle norwegische Spezialitäten. Vom gepökelten Schafsschinken »fenalår« und geräuchertem Rentierherz über »Braunkäse« bis hin zum Bier – Fenaknoken hält norwegische Esstraditionen in Ehren und bietet Ausgesuchtes von kleinen, lokalen Produzenten an. Hier kann man echte Entdeckungen machen, denn von vielen der angebotenen Lebensmittel hat der durchschnittliche Mitteleuropäer noch nicht einmal etwas gehört, geschweige denn sie probiert. Der Geschäftsinhaber ist selbst Koch und – wie könnte es anders sein – ein echter Enthusiast für norwegische Spezialitäten. Er präsentiert auch gerne, was man alles aus den Zutaten zubereiten kann, die es hier gibt, Geschmacksproben eingeschlossen, wie z. B. Bacalhau aus norwegischem Trockenfisch. Nicht wenige Stammkunden kommen von weit her, um in diesem einmaligen Delikatessengeschäft einzukaufen. Eine Oase für Feinschmecker!

Sentrum, Vika | Tordenskioldsgate 12 | T-bane: Nationaltheatret | www.

fenaknoken.no | Mo–Fr 10–17, Sa 10–16 Uhr

MODE

Den norske husfliden ⚑ D 6

Genaugenommen handelt es sich hier um das Gegenteil von Mode, denn »Husfliden« ist das Geschäft, wenn es um norwegische Trachten, auf Norwegisch »bunad«, geht. In Norwegen gibt es viele verschiedene Trachten oder Trachtenvarianten, die man gern bei festlichen Ereignissen trägt; einige bekanntere sind die urige Setesdalstracht oder die elegante Telemarkstracht. Hier bekommt man sie alle und dazu mannigfaltige Accessoires sowie die Materialien, um sich selbst ein Gewand zu schneidern, denn Husfliden ist auch ein Geschäft für Handarbeit. Auch wer sich nicht gleich eine ganze Tracht zulegen will, ist hier richtig, denn viele der traditionellen Stücke lassen sich schick mit anderen Kleidungsstücken kombinieren – oder wie wäre es mit traditionellem norwegischem Silberschmuck?

Sentrum | Stortorvet 9 | Straßenbahn: Stortorvet | www.dennorskehusfliden. no

Oslo Sweater Shop ⚑ D 6

Gut, es ist vielleicht nicht das originellste Mitbringsel, ob für sich oder andere, das man aus Oslo mit nach Hause nehmen kann. Aber kaum etwas ist so typisch norwegisch wie ein Pullover mit ebendem »Norwegermuster«. Dieses charakteristische stern- oder blütenförmige Muster nennen die Norweger »Selburose« und selbstverständlich findet es sich auch auf vielen anderen hier angebotenen Wollwaren wie

Strickjacken, Handschuhe, Schals und Mützen – qualitätvolle Bekleidung, zeitlos und bequem.

Neben einer überwältigenden Auswahl an Strickwaren in klassischem und moderneren Designs werden hier auch eine Reihe anderer norwegischer Produkte, etwa Artikel aus Elchleder wie Taschen oder Geldbörsen, kuschelige Wolldecken, traditionelle Zinnwaren und vieles mehr angeboten.

Sentrum | Tullinsgate 5 | Straßenbahn: Holbergs plass | Biskop Gunnerus' gate 3 | T-bane: Jernbanetorget | www.oslosweatershop.com

SCHMUCK

Juhls Silvergallery 🔷 D 6

Oslo ist die Hauptstadt eines sehr lang gestreckten Landes und in der Finnmark hoch im Norden liegt die »Hauptstadt der Samen«, Kautokeino. Dort fertigt die Familie Juhl seit einem halben Jahrhundert Schmuck, der von der Natur des arktischen Nordnorwegens ebenso beeinflusst ist wie von der traditionellen Kultur der Samen, der Urbevölkerung Nordskandinaviens. Zum Glück für diejenigen, denen der Weg nach Kautokeino zu beschwerlich ist, findet sich auch mitten im Zentrum von Oslo ein Geschäft, das diese ungewöhnlichen Schmuckstücke verkauft. Neben traditionellem und modernem Silberschmuck gibt es hier auch Gemälde, die von der nordischen Natur inspiriert sind.

Sentrum | Roald Amundsens gate 6 | T-bane: Nationaltheatret | www.juhls.no

Weitere Geschäfte und Märkte finden Sie im Kapitel OSLO ERKUNDEN.

Skandinavisches Glas gehört zu den schönsten Souvenirs und auch zu Hause wird man sich an dem zeitlosen und formvollendeten Design erfreuen (▶ S. 35).

KULTUR UND UNTERHALTUNG

Die Osloer Oper setzt künstlerisch wie auch als eines der spektakulärsten Bauwerke der Gegenwart Maßstäbe. Die Osloer haben aber auch ein Faible für Jazz, schließlich stammen einige der exzellentesten Musiker der Szene aus ihrem Land.

Oslo ist keine der Großstädte, deren Zentrum nach Ladenschluss wie ausgestorben wirkt, ganz im Gegenteil. Hier spielt sich ein nicht unbeträchtlicher Teil des Nachtlebens mitten im Zentrum ab. Wenn man spät an einem Freitag- oder Samstagabend die Karl Johans gate hinabschlendert, spürt man förmlich die Spannung und Energie, die von den Amüsierwilligen ausgeht, und die Schlange vor der Tür gehört zum Osloer Nachtleben dazu. Viele Lokale haben übrigens eine untere Altersgrenze, die zwischen 18 und 25 Jahren liegt (seltener auch mal darüber) und rigoros durchgesetzt wird. Neben dem Zentrum ist vor allem Grünerløkka als Ausgehviertel zu nennen und gerade in den ehemaligen Industriearealen entlang der Akerselva spielt sich kulturell einiges ab.

Oslo ist nicht nur die Metropole Norwegens, sondern auch unangefochten das kulturelle Zentrum. Wie es sich für eine Hauptstadt gehört, gibt es

◄ Das Foyer des neuen Osloer Opernhauses
(► MERIAN TopTen, S. 40, 66).

also ein umfassendes kulturelles Angebot, das von der »Hochkultur« mit Sprech-, Tanz- und Musiktheater sowie Konzerthalle über diverse spezialisierte Bühnen bis hin zu Jazzclubs und Sonstigem reicht. Oslo besitzt das einzige norwegische Musiktheater mit einem festen professionellen Ensemble. Seit einigen Jahren bespielt es nun auch die Bühne des Opernhauses, eines aufsehenerregenden Gebäudes am Hafen.

REICHES MUSIKLEBEN

Mit Oslo-Filharmonien besitzt die Stadt ein symphonisches Orchester von internationalem Rang. Mit dem lettischen Dirigenten Mariss Jansons am Pult entwickelte es sich in den 1980ern und 1990ern zu einem europäischen Top-Orchester und hat es bisher geschafft, dieses Niveau zu halten. Die Heimbühne der Musiker ist das Osloer Konzerthaus.

Doch nicht nur Liebhaber klassischer Musik werden diesbezüglich in Oslo verwöhnt. Die furiose Jazz-Szene Norwegens hat international renommierte Künstler wie Jan Garbarek und Nils Petter Molvær hervorgebracht. In Oslo ist im Bereich Jazz eigentlich immer etwas los.

Über kulturelle News berichten Tageszeitungen oder die Gratis-Zeitschrift »Natt & Dag« mit umfangreichem Veranstaltungskalender. Infos auf Deutsch gibt es unter www.visitoslo.com/de/veranstaltungen/kalender. Karten für die meisten Veranstaltungen gibt es bei www.billettservice.no, abholen kann man die Karten an allen Narvesen- und 7-Eleven-Kiosken.

BESONDERE EMPFEHLUNGEN
BALLETT, OPER UND KONZERT
Dansens Hus (Haus des Tanzes)
◖ E 5

Ein Segen für Kulturschaffende und -interessierte ist in Oslo das reichhaltige Raumangebot in herrlicher Umgebung, das die ehemaligen Industriebauten am Fluss Akerselva bieten.

In der ehemaligen Gießerei Vulkan hat, neben vielen anderen Einrichtungen, vor wenigen Jahren auch die nationale Bühne für modernen Tanz einen idealen Ort gefunden. Sie ist ein Treffpunkt für norwegische und internationale Tanzkünstler und das Spektrum umfasst alle Facetten zeitgenössischen Tanzes, von international beachteten Avantgarde-Produktionen über Impro-Tanz bis hin zu Kindertanz. Es werden Tanzkurse und Symposien veranstaltet.

Grünerløkka | Møllerveien 2 | Bus: Møllerveien | Tel. 23 70 94 25 | www.dansenshus.com

Den Norske Opera og Ballett (Norwegische Oper und Ballett) 🏛 E7

Norwegens Nationalbühne für Oper und Ballett und das einzige Musiktheater des Landes mit ausschließlich professionellen Mitwirkenden. Ein sehr internationales Haus, das sich in den Jahren und besonders seit dem Einzug in das neue **Opernhaus** ⭐ schon mit einigen aufsehenerregenden Inszenierungen hervorgetan hat. Unter anderem inszeniert der norwegische Opernregisseur Stefan Herheim, der auch als Wagner-Regisseur in Bayreuth hervorgetreten ist, hier regelmäßig.

Sentrum, Bjørvika | Kirsten Flagstads plass 1 | T-bane: Jernbanetorget | Tel. 81 54 44 88 | www.operaen.no

Oslo Konserthus 🏛 D6

Seit 1977 haben die Osloer Philharmoniker hier ihre eigene Konzerthalle. Genauer gesagt Hallen, denn das Konserthus besteht aus einem großen und einem kleinen Saal. Neben den Philharmonikern und internationalen Klassikstars gastieren hier auch Jazzmusiker und Künstler aus dem gehobenen Pop-Bereich wie Nick Cave, Prince oder Max Raabe.

Sentrum, Vika | Munkedamsveien 14 (Eingang über Ruseløkkveien, bei Nr. 14) | T-bane: Nationaltheatret | Tel. 23 11 31 11 | www.oslokonserthus.no

BARS UND KNEIPEN

Schouskjelleren 🏛 F5

Schous war schon früher ein Name unter mehreren unabhängigen Brauereien in Oslo. Nach diversen Zusammenschlüssen hörte die Marke 1981 auf zu existieren. In den 1980er und 1990ern herrschte auf dem norwegischen Biermarkt eine ziemliche Monokultur. Zum Glück der Bierfreunde setzte dann die Gegenbewegung ein und es etablierten sich mehrere kleine lokale Brauereien, die in Norwegen unter der Kategorie »Brewpub« oder »Mikrobryggeri« (deutsch: Mikrobrauerei) subsumiert werden. Eine der ersten war Schouskjelleren, die sich in einem historischen Gebäude der Schous-Brauerei befindet. Die Atmosphäre im Gewölbekeller mit langen Tischen erinnert an Bierkeller in Mitteleuropa, die Biere jedoch mit Sorten wie Stout, Porter, Bitter oder Pale Ale kommen eindeutig aus der britischen Brautradition. Neben diversen Eigenprodukten werden auch wechselnde importierte Biere ausgeschenkt.

Grünerløkka | Trondheimsveien 2 | Straßenbahn/Bus: Heimdalsgata | Tel. 21 38 39 30 | www.schouskjelleren.no | Mo, Di 16–1, Mi, Do 16–2, Fr 15–3.30, Sa 16–3.30, So 16–0 Uhr

Summit 🏛 D6

Der ideale Spot für einen Whisky Sour oder einen Gimlet spät am Abend. Summit ist eine schicke, eher kühldezent designte Bar, die – der Name deutet es schon an – im obersten Stockwerk des Radisson Blu Scandinavia Hotels liegt, und zwar im 21. Durch das riesige Panoramafenster genießt man zusammen mit dem Cocktail die spektakuläre Aussicht auf Stadt und Fjord. Die bei Einheimischen wie Touristen gleichermaßen beliebte Bar kann sich übrigens mit den spektakulärsten Toiletten von ganz Oslo brüsten.

Sentrum | Holbergs gate 30 | Straßenbahn: Holbergs plass | Tel. 23 29 30 00 |

www.radissonblu.com/scandinavia
hotel-oslo | Mo–Do 16–1, Fr, Sa 16–2.30,
So 17–1 Uhr

JAZZ, ROCK UND POP

Blå  E 5

In einem ehemaligen Industriegebäude direkt an der Akerselva hat sich
mit Blå (norwegisch für »Blau«) ein
Konzertlokal und Club mit einem
breiten musikalischen Spektrum etabliert. Was Blå zu einer der populärs-
ten Locations in Oslo macht, ist
die Shabby-Chic-Atmosphäre in den
alten Backsteingemäuern. Besonders
die wunderbare Freischankfläche im
Grünen, direkt an der Akerselva ver-
leitet in lauen Sommernächten manch
einen dazu, Musik Musik sein zu lassen und lieber den Abend im Freien
zu genießen.

Grünerløkka | Brenneriveien 9 C |
Straßenbahn: Schous plass, Bus: Møller-
veien | Tel. 40 0 42 77 | www.blaaoslo.
no | Wechselnde Öffnungszeiten,
Altersuntergrenze 20 Jahre

Herr Nilsen E 6

Intimer Jazzklub mit 60 Sitzplätzen im
Zentrum von Oslo. Donnerstage und
Samstage sind fest für Jazz reserviert,
an den anderen Tagen kann auch mal
Blues oder Bluegrass gespielt werden.
Schöne Mischung aus norwegischen
und internationalen Acts.
Sentrum | C. J. Hambros plass 5 |
T-bane: Stortinget, Straßenbahn: Ting-
huset | Tel. 22 33 54 05 | www.herr
nilsen.no | So–Do 14–3, Fr, Sa 12–3 Uhr

Weitere empfehlenswerte Adressen finden Sie
im Kapitel OSLO ERKUNDEN.

Industrie war gestern, heute tobt dort das Nachtleben mit Bars und Clubs. Das Blå (▶ S. 41)
mit seinem Shabby-Chic ist eine der angesagtesten Musik-Locations in Grünerløkka.

Im Fokus
Fjordbyen – das neue Gesicht der Stadt

Die Gebiete am Fjord waren lange das Stiefkind Oslos. Heute erkennt man sie nicht mehr wieder, denn in rasantem Tempo wandelten und wandeln sie sich zu einem schicken Entree der Hauptstadt mit hypermoderner Architektur und Promenaden am Wasser.

Ein beträchtlicher Teil der Oslo-Besucher erreicht Oslo auf dem Seeweg, sei es mit einer der Fähren oder als Passagier eines Kreuzfahrtschiffes. Der Anblick, der sich diesen Besuchern noch vor gut 20 Jahren bot, war gelinde gesagt nicht durchgängig erfreulich und für eine Hauptstadt alles andere als repräsentativ. Nachdem man zwei, drei Stunden durch den Oslofjord mit bunten Holzhäusern, idyllischen Schären und Wäldern zu beiden Seiten gefahren war, wurde man am Ende der Reise von Silos, Containerstapeln, Hafen- und Industrieanlagen begrüßt. Sogar auf der der Festung Akershus vorgelagerten Halbinsel befand sich eine Beton- und Asphaltwüste. Den erträglichsten Anblick bot noch der Hafenspeicher von 1920, seinerzeit Skandinaviens größter Betonbau, der mit seinen Türmchen so manchen Touristen glauben ließ, er stünde vor dem Schloss. Wenn der Oslo-Besucher dann angekommen war, musste er vielerorts lange suchen, bis er in der Stadt am Oslofjord tatsächlich an diesen gelangen konnte. Oft erging es Touristen mit dem Meer wie Moses mit dem

◀ Gestern noch Industriebrache, heute ein
superschickes Quartier: Tjuvholmen (▶ S. 17, 42).

Gelobten Land: Sie erblickten es von ferne, konnten es aber nicht erreichen, denn Gleise, Straßen oder verschlossene Hafenanlagen versperrten den Zugang zum Wasser.

DIE NEUE FJORDSTADT

Um diese inzwischen unerträglich gewordenen Zustände zu ändern, wurde Anfang der 2000er-Jahre ein groß angelegter städtebaulicher Plan beschlossen: Das Projekt **Fjordbyen** (Fjordstadt). Die Ziele des Vorhabens: die Stadt zum Fjord hin zu öffnen und damit öffentliche Gebäude an dessen Randbereich zu rücken und ihn den Bürgern zugänglich zu machen. Gleichzeitig soll damit neuer Raum für städtische Entwicklung geschaffen werden. Oslo ist eine der am schnellsten wachsenden Städte Europas, der allmählich der Platz ausgeht. Die durch die neue Nutzung ehemaliger Hafen- und Industrieanlagen entstehenden Baugebiete sind also höchst willkommen. Durch den Handlungsplan frei gewordene Flächen sollen Platz für 9000 neue Wohnungen bieten; Parks, kulturelle Einrichtungen und nicht zuletzt Einkaufsmöglichkeiten sollen geschaffen werden bzw. sind schon entstanden. Man hofft dabei ebenso auf 42 000 neue Arbeitsplätze.

KULTUR AM FJORD

Das **neue Opernhaus** auf einem ehemaligen Werftgelände, dessen Eröffnung im Jahr 2008 internationale Beachtung fand, gilt heute schon als Architekturklassiker. Bei ihrer Eröffnung war die Oper allerdings noch durch eine mehrspurige Stadtautobahn vom Zentrum abgeschnitten, die Straße ist inzwischen unter die Erde verlegt.

Hinter der Oper entsteht zurzeit ein Ensemble von zwölf dicht nebeneinanderstehenden Wohn- und Bürogebäuden, das den offiziellen Namen **Operakvarteret** trägt, inzwischen aber von den meisten »Barcode« genannt wird. Im nächsten Schritt soll hier, südlich der im Mai 2014 neu eröffneten Straße Dronning Eufemias gate, ein neues Kulturquartier entstehen, das neben dem Munch-Museum und dem Stenersen-Museum auch die Deichmanske bibliotek, so heißt in Oslo die Stadtbibliothek, beherbergen soll. Gleich östlich davon ist inzwischen das Containerlager verschwunden, das früher die Aussicht vom Ekeberg beeinträchtigt hatte, auch hier wird ein gemischtes Wohn- und Arbeitsviertel entstehen.

Schon fertiggestellt ist das neue Luxusviertel auf der (Halb-)Insel **Tjuv-holmen**, die südwestlich des Zentrums gleich im Anschluss an Aker Brygge liegt. Eigentlich handelt es sich um eine Halb- und zwei echte Inseln, die durch Kanäle voneinander getrennt, aber durch Brücken miteinander verbunden sind. Autoverkehr gibt es kaum, die Pkws wurden in eine Tiefgarage verbannt. Wie bei Aker Brygge und dem Operngelände handelt es sich um ehemalige Werft- und Hafenanlagen. Auch dieses Viertel wurde städtebaulich für eine Mischnutzung konzipiert; neben Wohnungen (von denen einige zu den teuersten Oslos zählen) gibt es Geschäfte, Bars und Restaurants, das neueste – und schickste – Luxushotel der Stadt sowie das Astrup-Fearnley-Museum für moderne Kunst. Die Pläne für das Projekt Fjordbyen waren ursprünglich noch ambitionierter; es sollte die gesamte Küstenlinie von der Halbinsel Bygdøy bis zur Insel Ormøy umfassen, die einige Kilometer südlich des Zentrums auf der Ostseite des Fjords liegt. Schließlich setzten sich aber diejenigen durch, die einwandten, irgendwo müssten die für Oslo existenziell wichtigen Hafenanlagen dann doch liegen. Die Gebiete südlich von Gamlebyen, wo der Alnafluss in den Fjord mündet, wurden schließlich ausgenommen. Auch die Personen- und Pkw-Fähren, die Oslo mit Kopenhagen und Kiel verbinden, sollen nicht aus der Stadt verbannt werden.

STÄDTEPLANUNGEN

Für Architekten und Stadtplaner gibt es also noch genug zu tun. Kein Wunder, dass unter ihnen derzeit Goldgräberstimmung herrscht. Wo in Europa hat man denn sonst noch die Chance, ganze Stadtquartiere zu entwerfen, und nicht etwa in der Peripherie, sondern in unmittelbarer Zentrumsnähe? Für die planerischen Ausschreibungen bewerben sich reihenweise international renommierte Architekturbüros. Das Astrup-Fearnley-Museum etwa wurde samt Außenanlagen vom italienischen Stararchitekten Renzo Piano geplant und auch das norwegische Büro Snøhetta, das das neue Opernhaus entworfen hat, war zum Zeitpunkt der Ausschreibung längst international bekannt, hatte es doch den Architekturwettbewerb für die neue Nationalbibliothek in Alexandria gewonnen. Mit diesem groß angelegten Plan knüpft Oslo an frühere Projekte der Umgestaltung der Stadt an. In den 200 Jahren, die vergangen sind, seit das ziemlich verschlafene Christiania mit 10 000 Einwohnern plötzlich Hauptstadt eines relativ selbstständigen Norwegens sein sollte, hat man immer wieder den großen städteplanerischen Wurf gewagt und die Stadt neu erfunden, mal mit mehr, mal mit weniger Erfolg.

Als geglückt bezeichnen kann man beispielsweise den einstigen Bau einer neuen Zentrumsachse nördlich der Mauern des alten Christiania, die wir heute als Karl Johans gate kennen und an der wir so wichtige Gebäude wie Parlament, Nationaltheater, Universität und Schloss finden. Schon weniger einhellige Zustimmung fanden Bauwerke des Modernismus in den 1960er- und 1970er-Jahren, beispielsweise die ehemalige Postzentrale, genannt »Postgirobygget« – das in einer Abstimmung zu Norwegens hässlichstem Gebäude gewählt wurde – oder die vielstöckigen Wohnsilos in den östlichen Stadtteilen Grorud und Stovner, die sich teils zu Immigrantenghettos und sozialen Brennpunkten entwickelt haben. Auch dem Bau des Rathauses, der wegen der kriegsbedingten Unterbrechungen von 1930 bis 1950 dauerte, waren jahrelange Diskussionen vorangegangen, musste ihm doch ein ganzes Stadtviertel weichen.

FÜR UND WIDER DES PROJEKTS

Kritik findet auch das aktuelle Stadtbauprojekt zur Genüge: Bei der Oper wurden etwa die Baukosten von vier Milliarden Kronen bemäkelt und gegengerechnet, wie viele Kindergärten oder Altenheime man für diese Summe hätte bauen können, aber auch die Tatsache, dass das Opernhaus mit Carraramarmor verkleidet wurde (hätte es nicht auch norwegischer Granit getan?); und überhaupt, eine Oper sei doch nur etwas für die Kulturelíten in Oslo. Ähnlich bei Tjuvholmen und dem »Barcode«: Hier werde nur für die Reichen gebaut, der Kommerz stehe im Vordergrund. Das ist natürlich nicht ganz falsch, allerdings ist es wohl nicht besonders realistisch zu erwarten, dass neu gebaute zentrumsnahe Wohnungen in einer Stadt, die ohnehin zu den teuersten der Welt gehört, zum Schnäppchenpreis zu haben sind.

Was hat also der gewöhnliche Norweger von Fjordbyen? Nun, die Antwort lautet ziemlich einfach: Er bekommt seinen Fjord zurück. Den Zugang zum Meer zu sichern ist der rote Faden des Projektes. Darum gibt es beispielsweise auf Tjuvholmen einen öffentlichen Skulpturenpark und einen Aussichtsturm. Zwischen den »Barcode«-Gebäuden muss ein Mindestabstand von 12 m bestehen, damit nicht ein neuer Riegel zwischen Stadt und Fjord gelegt wird, und die Oper ist nicht nur Musentempel, sondern gleichzeitig begehbare Skulptur geworden. Am besten wird aber die neue Offenheit zum Fjord hin durch die Strandpromenade ausgedrückt, die den Abschluss des Projekts bilden soll. Ist sie einmal fertiggestellt, wird man wohl zum ersten Mal seit Jahrhunderten von Bygdøy bis zu den mittelalterlichen Ruinen spazieren können.

FESTE FEIERN

Weit über die Stadtgrenzen hinaus sind die Wintersportevents auf dem Holmenkollen bekannt. Patriotisch und zugleich voller Frohsinn zelebriert man den Nationalfeiertag, und die Nobelpreisverleihung ist alljährlich einer der Höhepunkte in Oslo.

Mindestens zweimal im Jahr steht Oslo international im Blickpunkt und beide Male ist der Anlass ein festlicher. Die Rede ist einmal von einem regelmäßigen Sportevent, dem Holmenkollen Skifestival Anfang März mit Wettbewerben in Langlauf, Skispringen und Nordischer Kombination – für die wintersportbegeisterten Norweger ein großes Volksfest. Das andere Ereignis ist die Verleihung des Friedensnobelpreises am 10. Dezember, die am Rande von einem vielseitigen Veranstaltungsprogramm begleitet wird.

NATIONALFEIERTAG

Das mit Abstand größte Fest der Norweger ist der Nationalfeiertag. Als Besucher kann hat man vom Patriotismus der meisten Norweger kaum eine Vorstellung. Doch vor allem am 17. Mai wird man ihn kennenlernen.

◀ Ein Tänzchen im Schnee: beim Holmenkollen Skifestival (▶ S. 47).

An diesem Tag gedenkt man der Verabschiedung der ersten Verfassung am 17. Mai 1814. Natürlich werden, wie es sich für einen Gedenktag gehört, auch feierliche Reden geschwungen, aber in erster Linie ist der 17. Mai ein Tag für die Kinder. Besonderen Auftrieb erhielt er im Jahr 1945, als der Nationalfeiertag nur gut eine Woche nach der Befreiung von fünfjähriger deutscher Besatzung stattfand und entsprechend gefeiert wurde. Der Enthusiasmus hat seitdem kaum nachgelassen.

MUSIKFESTIVALS

Alle Norweger leben natürlich mit der Gewissheit, dass der Sommer in ihrem Land verhältnismäßig kurz ist. Darum versuchen sie, möglichst jeden Tag voll und ganz auszunutzen, und auch was Festivals betrifft, ist im Sommer ziemlich viel los. Obwohl man dann keineswegs eine Sonnenscheingarantie hat, findet so manche Veranstaltung im Freien statt, wie etwa die traditionsreichen Musikfestivals Norwegian Wood im Juni oder das Øyafestivalen (▶ S. 48). Dann steht man lieber auch mal im Regen, als einen Sommertag drinnen verbringen zu müssen.

MÄRZ

Holmenkollen Skifestival

Was anderswo nur eine Sportveranstaltung ist, wird am Holmenkollen zu einem riesengroßen Volksfest. Es wird seit 1892 jährlich veranstaltet und zieht solche Zuschauermassen an, die in Norwegen von keinem Fußballspiel erreicht werden.

Wenn man es wie die Einheimischen machen will, zieht man sich sehr warm an, nimmt Thermoskanne und Picknickkorb mit, fährt mit der fahnengeschmückten Holmenkollenbahn zur Schanze und sucht sich, je nach Wettbewerb, einen guten Platz.

1. oder 2. Wochenende im März
Holmenkollen | T-bane: Holmenkollen | www.holmenkollen-worldcup.no

MAI

Nationalfeiertag

An diesem Tag ist ganz Oslo ein Flaggenmeer; kein Haus, Bus und sogar Kinderwagen ohne Flagge, Wimpel oder rot-weiß-blaue Schleife. Wer einen »bunad«, die typische Tracht der jeweiligen Region, besitzt, zieht ihn an diesem Tag an. Eine Parade gibt es auch, allerdings ist das keine martialisch militärische Veranstaltung, sondern die Schulkinder Oslos ziehen, von Blaskapellen begleitet, in einem endlosen Zug die von Zehntausenden Zuschauern gesäumte Karl Johans gate entlang zum Schloss, wo die Königsfamilie steht und winkt. Zu den Ritualen des Tages gehört auch, dass man Eis schleckt und Würstchen isst.

So informell die Norweger sonst auch sind, an diesem Tag ist allzu legere Kleidung nicht so gerne gesehen. Einzige Ausnahme sind die bemalten roten Overalls und Latzhosen, die die Abiturienten des Jahres von Anfang Mai bis zu den Prüfungen tragen.

17. Mai
Karl Johans gate | T-bane: Stortinget

Middelalderfestivalen 🏃‍♂️

Mit diesem Festival wird an die große Zeit des alten Oslo erinnert. Es gibt Ritter und Gaukler, Vorführungen mittelalterlicher Musik und originelle Veranstaltungen für Kinder, etwa die »Prinzessinnenschule«.

Ende Mai
Akershus festning | www.oslo middelalderfestival.org

JULI/AUGUST

Norway Cup 🏃‍♂️

Das weltgrößte Jugendfußballturnier findet seit 1972 statt, mit bis zu 30 000 Teilnehmern aus aller Welt. Die meisten Spiele werden auf der Ekebergsletta ausgetragen.

Ende Juli/Anfang August
www.norway-cup.no

AUGUST

Oslo Kammermusikkfestival

Dieses Festival zeichnet sich durch zweierlei aus: das breite Spektrum der aufgeführten Musik, das von mittelalterlicher bis zu zeitgenössischer Musik reicht, und die Tatsache, dass die Konzerte an den schönsten Orten Oslos stattfinden. Die Liste der Interpreten enthält neben der Crème de la Crème der skandinavischen Musikszene, auch Stars wie Jordi Savall, Angela Hewitt, Quatuor Mosaïques, The Hilliard Ensemble und viele andere.

Mitte August
www.oslokammermusikkfestival.no

Øyafestivalen

Oslos größtes Rockfestival mit international bekannten Bands.

Anfang August
www.oyafestivalen.com

Oslo Jazzfestival

Zum Oslo Jazzfestival kommen neben norwegischen Musikern auch internationale Top-Stars der Jazz-, Blues- und Swingszene an den Oslofjord.

Mitte/Ende August
www.oslojazz.no

AUGUST/SEPTEMBER

Ibsenfestivalen

Alle zwei Jahre, nur in den geraden Jahren, findet das internationale Ibsenfestival statt, bei dem Theatertruppen aus aller Welt auf ihre Weise das Werk des großen Dramatikers interpretieren, von einem »Peer Gynt« aus Burkina Faso bis zum Ibsen im Gewand des japanischen No-Theaters.

Ende August – Mitte September
www.ibsenfestivalen.no

SEPTEMBER/OKTOBER

Høstutstillingen

Eine Tradition, die im 19. Jh. in ganz Europa verbreitet war, hat in Oslo bis heute überlebt: die Herbstausstellung, bei der nationale Künstler ihre Jahresproduktion präsentieren. Hier lassen sich nicht nur aktuelle Trends verfolgen, sondern vielleicht auch Bilder des nächsten Newcomers zu einem noch relativ günstigen Preis erwerben.

Anfang September–Anfang Oktober
www.hostutstillingen.no

OKTOBER

Film fra Sør

Bei diesem Festival stehen Produktionen aus Lateinamerika, Afrika und Asien, insbesondere aus Ostasien und dem Nahen/Mittleren Osten, im Fokus, also solchen Regionen, die sonst im Kinogeschehen wenig präsent sind.
Anfang Oktober
www.filmfrasor.no

OKTOBER/NOVEMBER

Oslo World Music Festival

Der Osloer Herbst wird auf diesem Festival durch Weltmusik aus wärmeren Regionen aufgehellt.
Ende Oktober/Anfang November
www.osloworldmusicfestival.no

DEZEMBER

Nobeldagene

Mindestens einmal im Jahr, und das in alter Tradition seit 1901, schaut die ganze Welt auf Oslo: am Tag, an dem der nächste Träger des Friedensnobelpreises verkündet wird. Verliehen wird die Auszeichnung jährlich am 10. Dezember – dem Todestag Alfred Nobels – in einer feierlichen Zeremonie im Osloer Rathaus. Dabei haben zwar nur geladene Gäste Zutritt, aber im Rahmen der Preisverleihung gibt es einige Veranstaltungen, so beispielsweise den Fackelzug zum Grand Hotel, wo die Preisträger in alter Tradition logieren, und das Nobelpreiskonzert am darauf folgenden Tag mit internationalen Stars (▶ S. 82).
Anfang Dezember
www.nobelpeaceprize.org

Rot-Weiß-Blau: Die Farben Norwegens und Flaggen in allen Größen beherrschen das Bild am Nationalfeiertag (▶ S. 47), ein vor allem fröhliches Fest.

MIT ALLEN SINNEN
Oslo spüren & erleben

Reisen – das bedeutet aufregende Gerüche und neue Geschmackserlebnisse, intensive Farben, unbekannte Klänge und unerwartete Einsichten; denn unterwegs ist Ihr Geist auf besondere Art und Weise geschärft. Also, lassen Sie sich mit unseren Empfehlungen auf das Leben vor Ort ein, fordern Sie Ihre Sinne heraus und erleben Sie Inspiration. Es wird Ihnen unter die Haut gehen!

◄ Sommerabend auf der Terrasse im Insel-
lokal auf Lille Herbern (▶ S. 51).

ESSEN UND TRINKEN

Inselabend   ⚓ B/C 7/8

Zugegeben, Sonnengarantie hat man in
Oslo auch im Sommer nicht. Doch
wenn die Sonne scheint, kann man
endlose Sommerabende am Meer verbringen, die man nicht anders als ma-
gisch nennen kann.

Ein wunderbarer Ort dafür ist das
kleine Eiland Lille Herbern vor der
Halbinsel Bygdøy. Die Insel ist vom
Festland zwar nur 20 bis 30 m entfernt,
aber auf der kurzen Überfahrt mit der
hauseigenen Fähre des Restaurants
Lille Herbern lässt man doch ganz
schnell die Stadt, den Verkehr und
den Trubel hinter sich. Einmal angekommen, kann man an einem lauen
Sommerabend auf der Terrasse des
Restaurants, das bereits seit 1929 existiert, die Aussicht auf den Bootsverkehr und die umliegenden Inseln und
die frische Luft auf sich wirken lassen
und dazu ein kühles Glas Weißwein
und eine Meeresfrüchteplatte oder ge-
grillten Fisch genießen.

Um hierherzugelangen, nimmt man
entweder den Bus 30 bis Herbernveien
oder das Boot 91 bis Bygdøynes (Achtung: spezielle Tickets, Oslo Pass gilt
nicht!) und geht zu Fuß bis Herbernveien. Am Ende von Herbernveien
bringt einen eine Fähre (verkehrt mindestens halbstündlich, 30 NOK) zur
Insel Lille Herbern.

Sentrum, Bygdøy | Bus: Herbernveien |
Tel. 2 24 49 70 | www.lilleherbern.no |
1.–16. Mai Mo–Fr 17–22, Sa, So 12–22 Uhr,
17. Mai–28. Sept. Mo–Fr 14–23, Sa, So 12–
23 Uhr | €€€

Weihnachtstafel mit Julebord ⚓ E 6

So international die Norweger in kuli-
narischer Hinsicht auch sein mögen,
einmal im Jahr werden sie traditio-
nalistisch. Das ist in der Vorweihnachtszeit, wenn sie zum »Julebord«
(»Weihnachtstisch«) gehen. Da stehen
dann Gerichte auf der Karte, die man
sonst nie bekommt und die dem Nor-
wegenreisenden ganz unerwartete Geschmackserlebnisse bereiten.

Am vertrautesten kommt einem noch
die »Ribbe« vor, gebratener Schweine-
bauch mit Rippen, zu dem oft zusätzlich noch Würste serviert werden, da-

neben Kartoffeln und Weiß- oder
Sauerkraut – ein traditionelles Gericht
aus dem Landesinneren.

Exotischer sind da schon »Pinnekjøtt«
und »Lutefisk«. Bei Ersterem handelt
es sich um Schafsrippen, die erst ge-
pökelt und getrocknet, anschließend
tagelang gewässert und schließlich auf
Birkenholzstöcken liegend gedämpft
werden, dazu isst man gerne Püree aus
Steckrüben und Kartoffeln oder eine
Art Kartoffelklöße. Beim »Lutefisk«
schließlich braucht man schon etwas
Fantasie, um sich vorzustellen, dass das
Ausgangsprodukt Fisch war. Dieser

wird nämlich getrocknet, in Lauge eingelegt, gewässert und gekocht und bekommt so eine geleeartige Konsistenz. Dazu gehören unbedingt Bauchspeck und Erbsenpüree.

Wie dies alles schmeckt, lässt sich nicht beschreiben, das muss man schon selbst probiert haben. Im November und Dezember bieten zahlreiche Restaurants diese besonderen Gerichte an, die übrigens traditionell von (Weihnachts-)Bier und Aquavit begleitet werden. Am schönsten ist das in einem Traditionsrestaurant mit heimeliger Atmosphäre, wie z. B. Stortorvets Gjæstgiveri. Viele Restaurants arbeiten in der Julebord-Saison sogar mit einem Zweischichtensystem, eine Reservierung wird dringend empfohlen!

Stortorvets Gjæstgiveri | Sentrum | Grensen 1 | Straßenbahn: Stortorvet | Tel. 23 35 63 60 | www.stortorvets-gjestgiveri.no/menyer/julebord | Mo–Sa 11–23 Uhr | €€€

Kaffee-Kurs bei Tim Wendelboe

⚓ E 5

Beim Wort »Kaffee« denkt man vielleicht zunächst an Italien oder Kolumbien. Tatsächlich sind es aber die nordischen Länder, in denen weltweit der meiste Kaffee getrunken wird, allen voran Finnland und eben Norwegen. Die Bedeutung von Kaffee im Norden zeigt sich auch bei der jährlichen Barista-Weltmeisterschaft, bei der regelmäßig Skandinavier die Goldmedaille für den besten Espresso, Cappuccino etc. abräumen. 2004 war das Tim Wendelboe, der später seine eigene Espressobar und Rösterei in Oslo eröffnete. Heute ist Wendleboe vor allem als Kaffeeexperte tätig und veranstaltet

regelmäßig Kurse (auf Englisch). Im Barista-Kurs lernt man die perfekte Zubereitung von Espresso usw., im »Brewing«-Kurs die Zubereitung von Aufgusskaffee. Beide Kurse finden nur unregelmäßig statt, jedoch gibt es samstags immer Kaffeeverkostungen für jeweils sechs Personen. Unbedingt vorher online buchen!

Grünerløkka | Grünersgate 1 | Straßenbahn: Olaf Ryes plass | Tel. 40 00 40 62 | www.timwendelboe.no

Pizza mit Aussicht   ⚓ östl. G 1

Grefsenkollen heißt ein Hügel nordöstlich des Zentrums, der ein beliebtes Wander- und Skigebiet ist und dessen Spitze seit 1927 vom gleichnamigen

Restaurant in typisch norwegischer Holzarchitektur gekrönt wird. Im Restaurant selbst kann man gute saisonale Menüs essen, aber richtig populär ist im Sommer bei gutem Wetter die Terrasse, wo man ein kühles Bier und hausgemachte Pizza aus dem Steinofen serviert bekommt und dabei eine fantastische Aussicht über die Stadt und das Meer hat. Stilecht (und gratis) anreisen kann man mit dem restauranteigenen Oldtimerbus, einem alten

Volvo. Der Bus fährt von Storo ab, vor dem Lokal Jafs, Grefsenveien 57, und zwar samstags um 12, 14, 16 und 18 Uhr. Achtung, die Fahrtzeiten können sich ändern, also besser vorher erkundigen!
Grefsen | Grefsenkollveien 100 | Zur Abfahrtsstelle: T-bane/Straßenbahn: Storo | Tel. 22 79 70 60 | www. grefsenkollen.no | Terrasse ab Mitte April bei gutem Wetter tgl. 12–22 Uhr | €€–€€€

AKTIVITÄTEN
Oslo Vinterpark 👫 💥 A1
Ein berühmtes Foto aus dem Jahr 1973 zeigt den damaligen König Olav, wie er mit der Straßenbahn zum Langlaufen fährt. Das Bild ist in Norwegen zur Ikone geworden, weil es gleich mehrere Dinge über Norwegen und Oslo erzählt: Alle sind gleich, Skilaufen ist Nationalsport und Oslo hat herrliche Skigebiete. Vom Zentrum ist man in weniger als einer halben Stunde im Oslo Vinterpark. Dort, immer noch auf

Osloer Stadtgebiet, gibt es 18 (beleuchtete) Abfahrten für alle Niveaus, 10 Skilifte, Skischule und für die Snowboarder eine Halfpipe und eine Superpipe. Die gesamte Ausrüstung inklusive Skijacken und -hosen kann man vor Ort

ausleihen (am besten vorab im Internet reservieren).
Holmenkollen | T-bane: Voksenkollen, dann Bus oder zu Fuß (15 Min.) | www. oslovinterpark.no | Anfang Dez.– Anfang April Mo–Fr 10–22, Sa, So 10–17 Uhr

Entscheidend ist das Aroma. Alles über Kaffee, das Kultgetränk in Norwegen, lernt man in den Kursen mit Tim Wendelboe (▶ S. 52), dem Kaffeepapst in Oslo.

Skulpturen von Gustav Vigeland im Frognerpark (▶ MERIAN TopTen, S. 76).

OSLO
ERKUNDEN

EINHEIMISCHE EMPFEHLEN

*Die schönsten Seiten Oslos kennen am besten diejenigen,
die diese Stadt seit Langem oder schon immer ihr Zuhause nennen.
Drei dieser Bewohner lassen wir hier zu Wort kommen – Menschen,
die eines gemeinsam haben: die Liebe zu ihrer Stadt.*

Kaja Breivik Furuseth, 38, Rechtsanwältin

Mit meinen drei Kindern bin ich gerne im Grünen im Norden von Oslo. Wir gehen oft in das Teknisk Museum, wo sich die Kinder im »Wissenszentrum« austoben können. Dort spielen sie und lernen gleichzeitig etwas über Energie und den Körper.

Wir wandern gerne an der Akerselva (▶ S. 120) und nördlich davon um das Maridalsvannet, wo die Wanderwege nicht so überlaufen und mit der Kulturlandschaft an der Akerselva mindestens so schön sind wie andere.

An Wochentagen gehe ich sehr gerne zum Bäckerei-Café Åpent Bakeri am Damplass in der Gartenstadt Ulleval

Hoch über der Stadt, auf der Dachterrasse-Bar Stratos (▶ S. 56) verbringt man mit Freunden die Osloer Sommerabende, die nie zu enden scheinen.

(▸ S. 13) – Oslos bestes Gebäck, z. B. viele verschiedene Typen »Boller«, und dazu gratis Erdbeermarmelade, wenn man dort isst. Zur Lunchzeit um 12 Uhr ist es dort sehr voll.

Petter Danielsen, 43, Grafikdesigner

In der ehemaligen Vulkan-Gießerei passiert zurzeit unheimlich viel Neues und Spannendes, ich gehe zum Beispiel gerne zum Burgeressen bei Døgnvill oder in die Bar Smelteverket mit Oslos längster Theke.

Außerdem mag ich die Gegend um das Youngstorget (▸ S. 59). »Arbeidernes hus« an seiner Südseite ist nicht nur die Zentrale der Arbeiterpartei, sondern beherbergt auch die Dachterrassenbar Stratos, die nur im Sommer geöffnet ist und eine fantastische Aussicht über Oslo bietet. An lauen Sommerabenden gibt es nichts Schöneres. Gleich um die Ecke vom Youngstorget liegt Café Mono; dort gibt es gute Musik und oft kleine, intime Konzerte. An der nordwestlichen Ecke von Youngstorget liegt Hell's Kitchen, dort gibt es sehr gute Pizza, und zwar italienische, nicht wie sonst meistens in Oslo im amerikanischen Stil.

»Gleich um die Ecke vom Youngstorget liegt das Café Mono; dort gibt es gute Musik und oft kleine, intime Konzerte.«

Petter Danielsen

Pia Kristine Lang-Holmen, 40, Projektmanagerin

Gerade an sonnigen Tagen ist es herrlich, ein Picknick einzupacken und mit der Fähre auf eine der Inseln im Oslofjord (▸ MERIAN TopTen, S. 98) zu fahren. Dort kann man baden oder sich einfach die Insel ansehen. Man kauft sich eine Fahrkarte und entscheidet spontan, auf welcher Insel man aussteigt.

Auch sehr schön: Eine Wanderung zur Hütte »Lilloseter«, wo es wunderbare hausgemachte Kuchen gibt. Von der T-bane-Station Ammerud folgt man einfach der Beschilderung. Es geht viel bergauf, aber es lohnt sich!

SENTRUM

Oslos Zentrum, oder »Sentrum«, mit all seinen Sehenswürdig-keiten und Repräsentationsbauten gehört zum festen Besichtigungs-programm der norwegischen Metropole. Dabei erlebt man ein quicklebendiges urbanes Stadtquartier mit vielen Gesichtern.

Oslo hat als politisches, kulturelles und wirtschaftliches Zentrum eines Landes, das vor gerade einmal 200 Jahren unabhängig wurde, alle Funktionen auszufüllen, die eine Hauptstadt ausmachen. Also gibt es mit dem Parlament, dem Königsschloss, dem Dom, dem Nationalmuseum, dem Nationaltheater, der Universität usw. eigentlich alle Institutionen, die man so erwartet. Das Besondere an Oslo ist allerdings, dass sich das alles im Zentrum auf kleinem Raum drängt.

CHRISTIANIA

Die zentrale Achse im Zentrum ist die Karl Johans gate, die den Bahnhof und das Schloss miteinander verbindet. Keines der Gebäude an dieser Prachtpromenade ist vor dem 19. Jahrhundert erbaut worden. Die ältesten Baudenkmale, die im Bereich des modernen Zentrums liegen, gehen

◄ Die Karl Johans gate führt hinauf zum
Königsschloss (► MERIAN TopTen, S. 62).

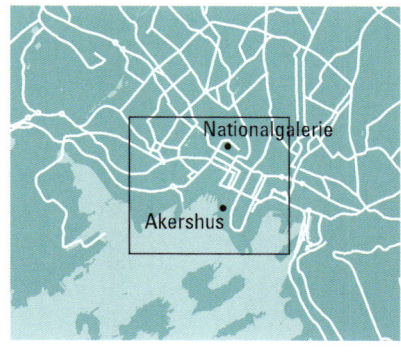

zurück auf die Zeit der Gründung der auf einer felsigen Landzunge liegenden Festung Akershus durch den dänischen König Christian IV. Er ließ nördlich der Festung eine neue Stadt mit der Grundstruktur eines Schachbrettmusters anlegen und nannte sie »Christiania«. Sie blieb aber bis ins 19. Jahrhundert ein Provinznest, das sich erst ausdehnte, als es 1814 Hauptstadt wurde – dann aber rasant. Allerdings beschloss man erst 1924, 300 Jahre später und zwei Jahrzehnte nachdem Norwegen seine Eigenständigkeit errungen hatte, die Stadt wieder Oslo zu nennen.

PULSIERENDES ZENTRUM

Im Zentrum von Oslo konzentriert sich also alles – Politik, Kultur, Wirtschaft. Viele der Hauptsehenswürdigkeiten liegen hier im Abstand von nur zwei, drei Gehminuten voneinander entfernt. Und es ist keineswegs so, dass die City zur Ruhe kommt, wenn der Arbeitstag endet, Geschäfte schließen und die Touristen des Sightseeings müde sind. Auch das Osloer Nachtleben spielt sich zu einem nicht unbeträchtlichen Teil hier ab, etwa im Viertel rund um Youngstorget, auf dem es noch heute einige Marktstände gibt, mit seinen vielen angesagten Bars und Clubs.

SEHENSWERTES

 Akershus slott og festning

E 6/7

Die erste Festungsanlage auf dieser Landzunge im Oslofjord stammt noch aus dem späten 13. Jh., doch annähernd ihr heutiges Aussehen bekam sie erst Ende des 16. Jh., als unter dem dänischen König Christian IV. die Mittelalterburg modernisiert und zu einem Renaissanceschloss umgebaut wurde. Seit dem 19. Jh. wird Akershus nicht mehr als Befestigungsanlage genutzt, dennoch dient das Gelände noch militärischen Zwecken. Im 19. und 20. Jh. existierte hier ein Zuchthaus. 1940 bis 1945 nutzten auch die deutschen Besatzer die Festung als Gefängnis und Exekutionsplatz. Nach Kriegsende wurden hier norwegische Kollaborateure, u. a. der Chef der norwegischen Marionettenregierung, Vidkun Quisling, hingerichtet. An die Besatzungszeit erinnert das in der Festung untergebrachte **Hjemmefrontmuseet** (Heimatfrontmuseum), das den Widerstand gegen die Besatzungsmacht schildert. Ebenfalls auf dem Gelände der Festung befindet sich das **Forsvarsmuseet** (Militärgeschichtliches Museum), dessen Ausstellung als Schwerpunkte die Geschichte der Festung und die Besatzungszeit hat.

Das **Schloss** dient heute der norwegischen Regierung zur Repräsentation bei festlichen Arrangements wie etwa bei Staatsbesuchen. Die historischen Räumlichkeiten können von Mai bis September besichtigt werden, ansonsten werden täglich einige Führungen angeboten. Zum Besichtigungsprogramm gehört auch die **Schlosskapelle** mit der Krypta, in der seit der Nachkriegszeit die Mitglieder der königlichen Familie bestattet werden.

Die gesamte Festungsanlage um das Schloss herum ist frei zugänglich und lädt zum Spazieren auf den Wällen ein. An vielen Stellen bietet sich eine schöne Aussicht auf den Hafen mit dem Rathaus und das gegenüberliegende Aker Brygge. Aber auch die vielen alten militärischen Gebäude, die teils in Steinbauweise, teils als Fachwerkgebäude errichtet sind, machen einen Spaziergang zum Erlebnis.

Auf der Festung findet täglich die Wachablösung der königlichen Garde um 13.30 Uhr sattt.

Akershus festning | Straßenbahn: Christiania torv | www.akershusfestning.no | Festung: Mai–Sept. tgl. 6–21 Uhr, Okt.–April tgl. 7–21 Uhr | Eintritt frei | Besuchszentrum: Mai–Aug. Mo, Di, Fr 10–17, Do 10–19, Sa, So 11–17 Uhr, Sept.–April Mo–Fr 10–16, Sa, So 11–17 Uhr | Eintritt frei | Schloss: Mai–Aug. Mo–Sa 10–16, So 12–16 Uhr, Sept.–April Sa, So 12–17 Uhr | 70 NOK, Kinder 30 NOK

Vor dem klassizistischen Königlichen Schloss (▶ MERIAN TopTen, S. 62) steht das Reiterstandbild des Königs von Norwegen Karl III. Johan, auch Jean Bernadotte genannt.

Rundblick von der Festung

Den schönsten Blick auf das Rathaus und Aker Brygge mit ihrem Bootsverkehr genießt man von den Mauern der Festung Akershus. Eigentlich ist die alte Festung noch immer ein militärisches Gelände, aber das erkennt man allenfalls an den Uniformierten, die dann und wann bei der Wachablösung zu sehen sind (▶ S. 12).

Det kongelige slott
(Königliches Schloss)   D 6

Die Bebauung des westlichen Teils der **Karl Johans gate** aus dem 19. Jh. illustriert sehr sinnfällig das damalige Verständnis der wichtigsten Pfeiler des Staates: Im Osten, begrenzt vom Storting, dem norwegischen Parlament, führt die Magistrale zwischen Nationaltheater und Universität vorbei zum königlichen Schloss, das auf einer leichten Anhöhe thront. Der Grundstein des durchgehend klassizistischen Baus wurde 1825 vom schwedischen König Karl III. Johan, nach dem die Straße benannt ist, gelegt, als sich Norwegen in der erzwungenen, wenn auch recht liberalen Union mit Schweden befand. Die Reiterstatue auf dem Vorplatz stellt ebenfalls Karl Johan dar.

Seit 1905 residieren hier die norwegischen Könige, die zwar nur noch repräsentative Aufgaben erfüllen, aber dennoch eine wichtige Rolle im Land spielen. Immer noch findet jeden Freitag eine Sitzung des norwegischen Kabinetts im Schloss statt, der sogenannte Staatsrat, bei dem der König den Vorsitz führt. Wenn er im Schloss anwesend ist, wird das durch die Königsflagge (goldener Löwe auf rotem Grund) angezeigt. Wenn man nicht gerade Staatsgast ist, kann man das Schloss nur in den Sommermonaten besichtigen. Allerdings ist der größte Teil des Schlossparks frei zugänglich und wird gern zum Relaxen genutzt.

Zu den sehenswerten **Schlossräumen** gehören: das Vestibül auf zwei Ebenen, das zusammen mit der Haupttreppe durch seine Platzierung genau auf der Sichtachse der Karl Johans gate die Lage des gesamten restlichen Schlosses bestimmte, oder der große Ballsaal, der eigentliche Prunkraum des Schlosses. Die Schlosskapelle besticht durch ihre eher zurückhaltende Dekoration und Farbgebung.

Sehr hübsch ist der Fugleværelse (»Vogelraum«), der als Warteraum vor Audienzen dient. In ihm erweckt die Wand- und Deckenbemalung die Illusion, in einem offenen Pavillon zu sitzen. Die Malereien stellen berühmte norwegische Landschaften und deren Tier- und Pflanzenarten dar. Drachenornamente an den Säulen sind Anklänge an traditionelle norwegische Architektur.

Das Schloss wird, ebenso wie die anderen offiziellen Residenzen der Königsfamilie, von der königlichen Garde bewacht.

Auch wenn gerade keine Führung ist, bei der Wachablösung um 13.30 Uhr erlebt man immer etwas, an manchen Werktagen auch Drillvorführungen oder Konzert.

Henrik Ibsens gate 1 | T-bane: Nationaltheatret | www.kongehuset.no | Führungen Mitte Juni – Mitte Aug. Mo–Do, Sa 11–17, Fr, So 13–17 Uhr | Tickets bei billettservice.no, Narvesen, 7-Eleven und am Eingang | Eintritt 95 NOK, Kinder 85 NOK

① Domkirke (Dom) E 6

Der Dom ist der Sitz des Bischofs von Oslo und gleichzeitig Pfarrkirche für das Stadtzentrum. Der Bau stammt aus dem Jahr 1697. Nach dem großen Stadtbrand von 1624 war die Stadt näher an die Festung Akershus verlagert worden, und obwohl der alte Dom St. Halvard (▶ S.101) den Brand relativ unbeschadet überstanden hatte, begann man mit dem Bau einer Kathedrale, die näher an der neuen Stadt lag. Als diese 1686 wiederum abbrannte, errichtete man schließlich den Dom an seinem heutigen Platz, damals auf einem Grundstück inmitten von Viehweiden.

Das in Ziegelbauweise erbaute Kirchenschiff wurde innen ursprünglich von niederländischen Künstlern im Barockstil ausgestaltet; deren Arbeit wurde später von norwegischen Holzschnitzern im damals in Ostnorwegen immens populären Akanthusstil fortgeführt. In der Mitte des 19. Jh. wurde die Kirche grundlegend verändert. Die Innenausstattung wurde komplett erneuert, diesmal im Stil der Neugotik. Außerdem hat man den vorher eher niedrigen Turm erhöht, wobei statt der ursprünglichen gelben niederländischen Ziegel rote Backsteine verwendet wurden; daraus resultiert der auffällige Farbkontrast am Turm. Zum 900-jährigen Stadtjubiläum 1950 (▶ S. 67) hat man jedoch die alte Inneneinrichtung weitgehend wiederhergestellt, nur das

Deckengemälde wurde im zeitgenössischen Stil ausgeführt. Sonntagabends finden oft Konzerte statt.

Neben der Kirche befindet sich ein kleiner Park, wo sich bis 1808 der Friedhof befand, der dann zu Vår Frelsers Gravlund (▶ S. 87) verlegt wurde.

Stortorvet | Straßenbahn: Stortorvet | www.oslodomkirke.no | tgl. 10–16 Uhr | Eintritt frei

② Kvadraturen ▸ E 6

Die »Quadratur«, wie dieses Viertel heute genannt wird, ist das Ergebnis der gravierendsten Veränderung, die Oslo jemals erlebt hat. Der verheerende Stadtbrand von 1624, der die alte, mit Holzhäusern bebaute Stadt, die sich östlich des Akerflusses befand, in Schutt und Asche gelegt hatte, veranlasste den dänisch-norwegischen König dazu, die Stadt völlig neu aufzubauen. Anders als viele andere dänische Könige hatte Christian IV. ein lebhaftes Interesse an Norwegen und tat sich als Städtegründer hervor, u. a. gab er auch der norwegischen Stadt Kristiansand seinen Namen.

Die neue Bebauung folgte zwei Prinzipien: Zum einen sollte die strategische Position Oslos durch die Lage direkt im Schatten der Festung Akershus verbessert werden. Zum anderen wollte man eine damals moderne Planstadt nach den Idealen der Renaissance-Architektur errichten. So wurde der Grundriss quadratisch angelegt, mit für die Zeit sehr breiten Straßen. Als Baumaterial war den vornehmen Bürgern die Verwendung von Mauerwerk befohlen, nicht zuletzt als Brandschutzmaßnahme. Weniger Wohlhabende durften auch Fachwerkhäuser errichten. Es bedurfte einiger Jahrzehnte, bis diese Anordnungen durchgesetzt waren, wobei weitere Brände Überzeugungsarbeit leisteten. Die regelmäßige Anlage hob sich derart von der ungeordneten Bebauung der umliegenden Gebiete ab, dass sie den zeitgenössischen Namen »Kvartalerne« (Die Viertel) erhielt. Auch offiziell erhielt die Stadt einen neuen Namen: Der König benannte sie ganz unbescheiden nach sich selbst »Christiania«.

Begrenzt wird diese »neue Altstadt« im Süden von der Festung, im Norden von der Karl Johans gate, im Westen von der Øvre Vollgate und im Osten von der Dronningens gate, die seinerzeit unmittelbar an den Hafen der Bjørvika grenzte. Es ist eine ganze Reihe von Gebäuden aus dem 17. und 18. Jh. erhalten, darunter das älteste Gebäude, **Rådmannsgården** von 1626 (Rådhusgate 19), das **Gamle Rådhus**, das Alte Rathaus von 1641 (Nedre Slottsgate 1), in dem das Teatermuseet und im Erdgeschoss ein Restaurant untergebracht sind, ebenso wie im **Statholdergaarden** (Rådhusgate 11) von 1640, der eine Zeit lang den dänischen Statthalter in Christiania beherbergte. Rådmannsgården und das Alte Rathaus liegen am **Christiania torv**, dem ersten Marktplatz der neu errichteten Stadt. An deren Gründer erinnert der Brunnen Christian IVs hanske (»Der Handschuh Christians IV.«), der darauf anspielt, dass der König auf diese Stelle gedeutet haben soll mit den Worten »Hier soll die Stadt liegen«.

Angesichts der vielen Museen kann man Kvadraturen durchaus als Museumsviertel bezeichnen. Neben den beiden Museen auf dem Festungsgelände und dem Theatermuseum gibt es noch das Museet for samtidskunst (▶ S. 113), das Architekturmuseum (▶ S. 114), das Filmmuseet (▶ S. 109) und das Tollmuseet.

Straßenbahn: Christiania torv

③ Nasjonaltheatret **D 6**

Das Nationaltheater ist die größte Sprechbühne Norwegens. Im Vergleich zu den anderen bestimmenden Gebäuden entlang der Karl Johan gate wurde es relativ spät, nämlich erst 1899, eröffnet. Dass ein im Wortsinne nationales Theater erst Ende des 19. Jh. entstehen konnte, lag auch daran, dass sich die norwegische Sprache erst in den Jahrzehnten zuvor als Bühnensprache etabliert hatte, bis dahin wurde auf Oslos Bühnen Dänisch gesprochen. Der Entwurf des Theatergebäudes ging aus einem Architektenwettbewerb hervor, den der erst 27-jährige Henrik Bull gewann. Bull, der in Berlin Architektur studiert hatte, vereinte bei dem Bau Stilelemente des Klassizismus, des Jugendstils und des Neorokoko. An der Innenausstattung des Theaters waren einige der bedeutendsten norwegischen Künstler der Zeit beteiligt.

Von den ursprünglich 1268 Plätzen des Hauptsaals sind heute noch 741 übrig, denn viele mussten 1963 der Einrichtung einer weiteren Bühne, der Amfiscene, weichen. 1983 kam eine dritte Bühne namens Malersalen hinzu, auf der vorwiegend Gegenwartsdramatik gespielt wird.

Die Innenräume des Theaters lassen sich am besten bei seinen Vorstellungen erleben, denn extra Besichtigungen werden leider nicht angeboten.

Mit einem Fingerzeig soll Dänenkönig Christian bedeutet haben, wo seine neue Stadt entstehen soll. Der Brunnen in Kvadraturen (▶ S. 64) erinnert daran.

![Wandgemälde im Rathaussaal]

Der große Rathaussaal wurde von norwegischen Künstlern mit monumentalen Wandgemälden, hier das Fresko von Alf Rolfsen, gestaltet (▶ MERIAN TopTen, S. 67).

Johanne Dybwads plass 1 | T-bane: Nationaltheatret | www.national theatret.no | geöffnet nur auf Vorbestellung für Gruppen ab 20 Personen | Besichtigungs-Info Tel. 22 00 14 16

Auf dem Operndach

Es ist etwas Einzigartiges: das begehbare Dach des Opernhauses, das sich als geneigte Ebene aus weißem Marmor aus dem Oslofjord erhebt. Ein herrlicher Platz, um die Abendsonne und fantastische Ausblicke auf Stadt und Fjord zu genießen (▶ S. 12).

⭐ Operahuset (Opernhaus)   📖 E7

Mit dem Bau des neuen Opernhauses in der Bjørvika genannten Bucht

bekam die Seeseite Oslos hier ein ansprechendes Gesicht. Bis dahin war es hier ebenso unansehnlich wie an vielen anderen Stellen in der Umgebung, die von Industrie- und Hafenanlagen beherrscht werden. Vor allem wurde endlich der Mangel an einer diskutablen Spielstätte für Oper und Ballett behoben. Mit der Architektur der neuen Oper gelang dazu ein großer Wurf.

Das Gebäude, das vom norwegischen Architekturbüro Snøhetta entworfen wurde, erinnert mit seiner schräg geneigten und begehbaren Dachfläche aus Carraramarmor an einen Eisberg; vom höchsten Punkt hat man einen fantastischen Rundblick auf Stadt und Fjord, ebenso im Inneren aus dem großzügig verglasten Foyer. Den großen Saal mit 1369 Sitzplätzen und den kleineren Saal Scene2 mit 400 Plätzen mag man am besten bei einer der Vorstellungen erleben, es werden aber auch Hausführungen angeboten.

Auch technisch gesehen ist die neue Oper »state of the art«: angefangen bei dem mit 8000 Leuchtdioden bestückten Kronleuchter im großen Saal, der gleichzeitig als akustischer Reflektor fungiert, über das Textsystem an jedem Stuhl, mit dem man in einer Auswahl von acht Sprachen das Libretto mitlesen kann, bis hin zur äußerst komplexen Bühnentechnik. Beim gastronomischen Angebot gibt man sich ebenfalls nicht mit Halbheiten ab: Eine schicke Brasserie im Foyer und ein Feinschmeckerrestaurant erwarten den Opernbesucher.

Bjørvika | Kirsten Flagstads plass 1 | T-bane: Jernbanetorget | Tel. 21 42 21 21 | www.operaen.no | Führung Englisch Mi, So 13, Sa 12 Uhr, Norwegisch Mo–So 12, So 13 Uhr | Ticket 100 NOK

⭐4 Rådhuset (Rathaus) 🚩 D 6

Wie die Wahrzeichen so vieler anderer Städte wurde auch das Osloer Rathaus erst nach langen Kontroversen verwirklicht, obwohl schon 1905 die Forderungen laut wurde, die neu gewonnene Unabhängigkeit durch ein entsprechendes Bauwerk zu feiern. Als Standort für dieses wählte man dann ein recht verkommenes Gebiet an der Bucht Pipervika. Der erste Architektenwettbewerb für ein neues Rathaus erfolgte schon 1915, doch erst 1931 wurde mit dem Bau begonnen. Der Siegerentwurf von Arnstein Arneberg und Magnus Poulsson hatte inzwischen viele Änderungen über sich ergehen lassen müssen, von denen ein deutlicher funktionalistischer Ein-

schlag und die markanten Türme die wichtigsten waren. Durch Krieg und Besatzung wurden die Bauarbeiten noch einmal unterbrochen, sodass das Rathaus erst 1950, zum 900-jährigen Stadtjubiläum, fertiggestellt wurde. Heute ist es neben der Oper immer noch das wohl aufsehenerregendste Gebäude in Oslo. Als Verleihungsort des Friedensnobelpreises wurde es weltweit bekannt.

Ein wichtiger Bestandteil des Konzepts war von Anfang an, dass das Rathaus von den bedeutendsten zeitgenössischen Künstlern ausgestaltet werden sollte. Thema der Kunstwerke war »das Volk« im weitesten Sinne. Das zeigt sich schön an den Wandgemälden der mächtigen Rathaushalle, für die in erster Linie die Maler Henrik Sørensen und Alf Rolfsen verantwortlich waren. Einem Fresko von Karl Høgberg über »Handel und Gewerbe« in Oslo gesellte sich nach Protesten auch eines von Reidar Aulie über die »Geschichte der Arbeiterbewegung« hinzu. Schließlich wurden auch noch Krieg und Okkupation in einem Fresko von Alf Rolfsen thematisiert. In ähnlicher Weise gestalteten auch andere bekannte Künstler weitere Repräsentationsräume wie etwa den Bankettsaal mit einem Wandgemälde mit Badeszenen am Fjord oder den Ratssaal, den ein Wandteppich von Else Poulsson ziert, auf dem der Stadtheilige St. Halvard über den Sieben Tugenden thront, während zuunterst das Stadtleben dargestellt ist. Zusammen mit den Reliefs und Skulpturen auf beiden Seiten des Gebäudes bietet das Rathaus einen veritablen Querschnitt durch die künstlerischen Tendenzen der Zeit seiner Errichtung.

Fridtjof Nansens plass | Straßenbahn: Rådhusplassen | www.radhusets-forvaltningstjeneste.oslo.kommune.no | tgl. 9–16 Uhr | Eintritt frei

Inselrundfahrt

Die Bootslinien 92 und 93 verbinden die Inseln im Oslofjord mit dem Stadtzentrum und verkehren das ganze Jahr über. Während der Tour, übrigens zum Preis einer Bus-Einzelfahrkarte, kann man beliebig oft an den verschiedenen Stationen aus- und zusteigen und die herrliche Inselwelt genießen (▶ S. 13).

❹ Stortinget (Parlament) E 6

Ein eigenes Parlament hatten die Norweger seit 1814, doch erst 1866, nach fünfjähriger Bauzeit, konnte es im eigenen Gebäude tagen. Das Storting wurde vom schwedischen Architekten Emil Victor Langlet in einem originellen, romanisch beeinflussten Stil entworfen, der italienische und nordische Elemente vereint (Langlet hatte sich lange Zeit in Italien aufgehalten). Dem Entwurf lag das Prinzip zugrunde, ein Sinnbild für demokratische Werte und Offenheit architektonisch umzusetzen. Das zeigt sich beispielsweise darin, dass der Stortingssaal als zentrales Element und wichtigster Raum des Gebäudes auch von außen sichtbar ist. Er liegt im ersten Stock des halbrunden zentralen Teils des Gebäudes. Auch die beiden Seitenflügel sollen dem Betrachter das Gefühl von Offenheit und Willkommen vermitteln.

Der **Stortingssaal**, der am aufwendigsten eingerichtete Raum des Gebäudes,

ist in einer halbrunden Amphitheaterform ausgeführt, in dessen Scheitelpunkt der Parlamentspräsident unter dem berühmten Gemälde »Eidsvold 1814« von Oscar Wergeland, das die verfassungsgebende Versammlung zeigt, steht. Über dem Gemälde prangt das Reichswappen und die Farben des Wappens, Rot und Gold, werden in der prunkvollen Dekoration des Raumes in einer stilistischen Mischung aus englischer Neogotik und norwegischem Drachenstil wieder aufgenommen.

Etwas schlichter in der Gestaltung, aber deshalb nicht weniger ansprechend ist der **Lagtingssal**, bis 2009 der Sitz der zweiten Kammer des norwegischen Parlaments. Die Sitzungen im Stortinget sind normalerweise öffentlich und können von der Publikumsgalerie aus verfolgt werden. Informationen zu den Sitzungszeiten finden sich auf der Website des Parlaments.

Karl Johans gate 22 | T-bane: Stortinget | www.stortinget.no | Info: Tel. 23 31 33 33 | Führungen (Norwegisch) Sa 11.30 Uhr | Eintritt frei | Eingang zu den Führungen von der Akersgata, zu den Sitzungen von der Karl Johans gate, 15 Min. vorher da sein.

MUSEEN UND GALERIEN

❺ **Filmmuseet** ▶ S. 109
❻ **Historisk Museum** ▶ S. 110
❼ **Jødisk Museum i Oslo** ▶ S. 111
❽ **Kunstindustrimuseet** ▶ S. 112
❾ **Museet for samtidskunst** ▶ S. 113
❿ **Nasjonalgalleriet** ▶ S. 113
⓫ **Nasjonalmuseet – Arkitektur** ▶ S. 114
⓬ **Norges Hjemmefrontmuseum** ▶ S. 115

Ein Hauch von Tradition umweht das 1874 eröffnete Grand Café (▶ S. 69) an der Ecke Karl Johans gate/Rosenkrantz gate. Seit Ibsens Zeiten ist es ein beliebter Treffpunkt.

ESSEN UND TRINKEN
RESTAURANTS

13 Arcimboldo　　　📖 D 5

Künstlerlokal – Populäres Café/Restaurant im Künstlerhaus mit anerkannt guter Küche, gleich am Schlosspark. Naturgemäß viele Gäste aus der Kunst- und Kulturszene. An Wochenenden geht es abends schon mal hoch her.
Wergelandsveien 17 | Straßenbahn: Holbergs plass | Tel. 22 69 44 22 | Di–Do 11–23.30, Fr 11–2.30, Sa 12–1.30, So 12–17.30 Uhr | €€€

14 Fjord ▶ S. 27

15 Grand Café im Grand Hotel 📖 E 6

Ibsens Stammlokal – In diesem traditionsreichen Haus auf der Karl Johans gate herrscht vom exklusiven Frühstücksbuffet über den Lunch für eilige Geschäftsleute bis hin zum feinen Abendmenü immer reger Betrieb, und das schon seit den Zeiten Henrik Ibsens, der jeden Tag Punkt 12 Uhr an seinem Stammplatz in der Ecke sein Münchner Bier zu trinken pflegte.
Karl Johans gate 31 | T-bane: Stortinget | Tel. 23 21 20 18 | www.grand.no | Mo–Sa 6.30–23.30, So 6.30–23 Uhr | €€€€

16 Rice Bowl　　　📖 E 6

Thai günstig und gut – Kleines, informelles Thailokal mit gutem Curry und fixer Bedienung. Sehr populär, daher muss man am Eingang zuweilen anstehen. Kein Alkoholausschank.
Youngsgate 4 | Straßenbahn/Bus: Brugata | 22 41 20 06 | www.ricebowl.no | Mo–Sa 12–22, So 14–21 Uhr | €€

17 Statholdergaarden ▶ S. 29

18 Tabibito D 6

Reise durch Asien – Trotz des japanischen Namens (»Reisender«) panasiatische Küche. Recht populär.

Stortingsgate 20 | T-bane: Nationaltheatret | Tel. 22 42 62 02 | www.tabibito.no | Mo–Fr 15–23, Sa 12–24, So 14–22 Uhr | €€€

CAFÉS

19 Ett Glass E 6

Bevorzugt zum Lunch – Der Name dieses Cafés (»Ein Glas«) spielt darauf an, dass hier wirklich jeder Wein auf der Karte auch glasweise ausgeschenkt wird. Beliebter Treffpunkt zum Lunch und für kleine Menüs am Abend.

Karl Johans gate 33 (Eingang Rosenkrantz gate) | T-bane: Nationaltheatret | Tel. 22 33 40 79 | www.ettglass.no | Mo–Do 11–1, Fr 11–3, Sa 12–3, So 12–1 Uhr

20 Fuglen ▶ S. 28

21 Kafe Oslo D 5

Für Kaffeehausliteraten – Im Literaturhaus befindet sich dieses entspannte Café, wo man von der Tasse Kaffee bis zum Drei-Gänge-Menü alles bekommt, was den Leib erfreut, und für den Kopf gibt es eine Leseecke.

Wergelandsveien 29 | T-bane: Nationaltheatret | Tel. 21 54 85 71 | www.kafeoslo.no | Mo, Di 10–0.30, Mi–Sa 10–3.30, So 12–20 Uhr

22 Kaffistova E 6

Hausmannskost – Das Buffet-Restaurant bietet urnorwegische Spezialitäten an wie Fleischklöße mit brauner Sauce, gesalzenen Dorsch oder Sauerrahmgrütze. Dazu gibt es Brot und Kuchen aus eigener Herstellung.

Rosenkrantz gate 8 | T-bane: Stortinget | Tel. 23 21 42 10 | www.kaffistova.com | Mo–Fr 11–21, Sa, So 11–19 Uhr | €

BARS UND KNEIPEN

23 Crowbar & Bryggeri ▶ S. 27
24 Illegal Burger ▶ S. 28

25 Lorry Restaurant D 6

Traditionell und günstig – Seit über einem Jahrhundert allseits beliebt für das leckere und günstige Essen und die über 100 Biersorten.

Parkveien 12 | Straßenbahn: Welhavens gate | Tel. 22 69 69 04 | www.lorry.no | Mo–Sa 11–3.30, So 12–1.30 Uhr | €€

EINKAUFEN

BÜCHER

26 Norli E 6

Oslos größte Buchhandlung hat von neuester norwegischer Belletristik bis hin zum Wanderführer einfach alles, auch fremdsprachige Bücher.

Universitetsgata 20–24 | T-bane: Nationaltheatret | www.norli.no

27 Norlis Antikvariat E 6

Herrlich zum Stöbern, ganz besonders gut sortiert die Literatur zum Thema Seefahrt.

Universitetsgata 18 | T-bane: Nationaltheatret | www.norlisantikvariat.no

DESIGN UND WOHNEN

28 GlasMagasinet Stortorvet ▶ S. 35
29 House of Oslo ▶ S. 35

30 Norway Designs D 6

Glas und Porzellan, Kleidung, Schmuck und Gebrauchsdesign aus Norwegen.

Stortingsgata 28 | T-bane: Nationaltheatret | www.norwaydesigns.no

KULINARISCHES
31 Fenaknoken ▶ S. 36

MODE
32 Den norske husfliden ▶ S. 36

33 Freudian Kicks 🏷 E 6
Eher kleine, trendige Modemarken für
Männer und Frauen. Neben Kleidung
gibt es auch Schuhe und Accessoires.
Kvadraturen | Prinsens gate 10B | Stra-
ßenbahn/Bus:Kongens gate (i Prinsens
gate) | www.freudiankicks.com

34 Oslo Sweater Shop ▶ S. 36

35 Paleet 🏷 E 6
Kaufhaus mit Schwerpunkt Mode der
mittleren und oberen Preislage.
Karl Johans gate 37–43 | T-bane: Natio-
naltheatret

SCHMUCK
36 Juhls Silvergallery ▶ S. 37

KULTUR UND UNTERHALTUNG
BALLETT, KONZERT UND OPER
37 Den Norske Opera og Ballett
▶ S. 40
38 Oslo Konserthus ▶ S. 40

BARS UND CLUBS
39 Herr Nilson ▶ S. 41
40 Summit ▶ S. 40

KINO
41 Cinemateket 🏷 E 6
Oslos Werkstattkino bietet eine Palette
an möglichen Alternativen zu Block-
buster-Filmen.
Kvadraturen | Dronningens gate 16 |
Straßenbahn: Kongens gate | Tel. 22 47
45 89 | www.cinemateket.no

Es ist mehr als ein Café, das Fuglen (▶ S. 28), wo man ganz ungestört relaxen kann. Alle Möbel
im Retro-Style und Accessoires stehen hier nämlich zum Verkauf.

FROGNER UND BYGDØY

*Der Stadtteil Frogner einschließlich der Halbinsel Bygdøy
ist der Inbegriff des distinguiert bürgerlichen Lebens. Aker Brygge
und das neu entstandene Tjuvholmen präsentieren spektakulär
die postindustrielle nordische Metropole.*

Wie in so vielen anderen Städten liegen auch in Oslo die »besseren«
Stadtteile im Westen. Im Stadtteil Frogner, der westlich an das Zentrum grenzt, finden sich keine Arbeitersiedlungen, sondern gediegene
Appartementhäuser oder Villen. Hier residiert das bürgerliche Oslo, das
eine Jacht im nahe gelegenen Bootshafen hat und vornehme, dänisch
klingende Nachnamen, oft mit Bindestrich, trägt. Nicht umsonst haben
sich auch die meisten Botschaften und diplomatischen Vertretungen hier
im Viertel hinter dem Schloss angesiedelt.

GEDIEGENE LEBENSART UND KUNST

Teurer als hier wird es nur noch in der Gegend rund um den Holmenkollen oder eben auf der Halbinsel Bygdøy, die ebenfalls zum Stadtteil
Frogner gehört. Auch der König hat hier seit jeher einen Hof, auf dem

◄ Das von Renzo Piano entworfene Astrup-Fearnley-Museum (▶ S. 109).

nach wie vor Landwirtschaft betrieben wird. Überhaupt zeichnet sich Bygdøy durch dreierlei aus: Museen, Villen und Natur. Unter den Museen finden sich einige der Top-Attraktionen der Stadt, wie das Freilichtmuseum und das Vikingskiphuset mit seinen über 1000jährigen Wikingerbooten.

Frogner wiederum bietet den einzigartigen Vigelandspark, auch Frognerpark genannt, mit Hunderten von Skulpturen des sehr produktiven Bildhauers Gustav Vigeland. Ansonsten kann man hier sehr gepflegt essen und ausgehen – in den Vierteln beiderseits der Bygdøy allé findet sich manches Gourmetrestaurants, darunter zwei mit Michelin-Sternen dekorierte. Auch zum Shopping bietet sich dieser Stadtteil an, mit den unzähligen und trendigen Geschäften auf Aker Brygge und im benachbarten, nagelneuen Viertel Tjuvholmen oder in den trendigen Boutiquen in Majorstua, am nördlichen Rand des Stadtbezirks.

SEHENSWERTES

❶ Aker Brygge  D 6

Wenig in Oslo illustriert die durchgreifende Veränderung, die der norwegische Ölboom seit den 1970er-Jahren für die Gesellschaft mit sich gebracht hat, so gut wie der populäre Einkaufs- und Ausgehkomplex an der Bucht Pipervika, an der auch das Rathaus und die Festung Akershus liegen. An dieser Stelle befand sich seit dem 19. Jh. eine Schiffswerft, die 1982 geschlossen wurde. 1986 öffnete in den umgebauten Werkshallen der erste Teil des neuen Shoppingzentrums und damit überhaupt das erste Einkaufszentrum in der Stadtmitte. Für viele Bürger symbolisiert die Umwandlung von alten Industriebauten in einen Einkaufstempel jedoch die Veränderung der Gesellschaft vom alten bescheidenen Norwegen hin zu einer neureichen Konsumgesellschaft. Nach und nach wurde so das gesamte Areal erneuert und in eine urbane Landschaft verwandelt. Das Ergebnis ist eine architektonisch sehr ansprechende Neubestimmung der alten Werfthallen für die postindustrielle Gesellschaft.

Neben Läden und Restaurants beherbergt der Komplex auch Büros, Wohnungen und Kinos. Gerade im Sommer herrscht von früh bis spät in die Nacht reger Betrieb. An den lauen Sommerabenden vergisst man leicht, dass man sich in einer der nördlichsten

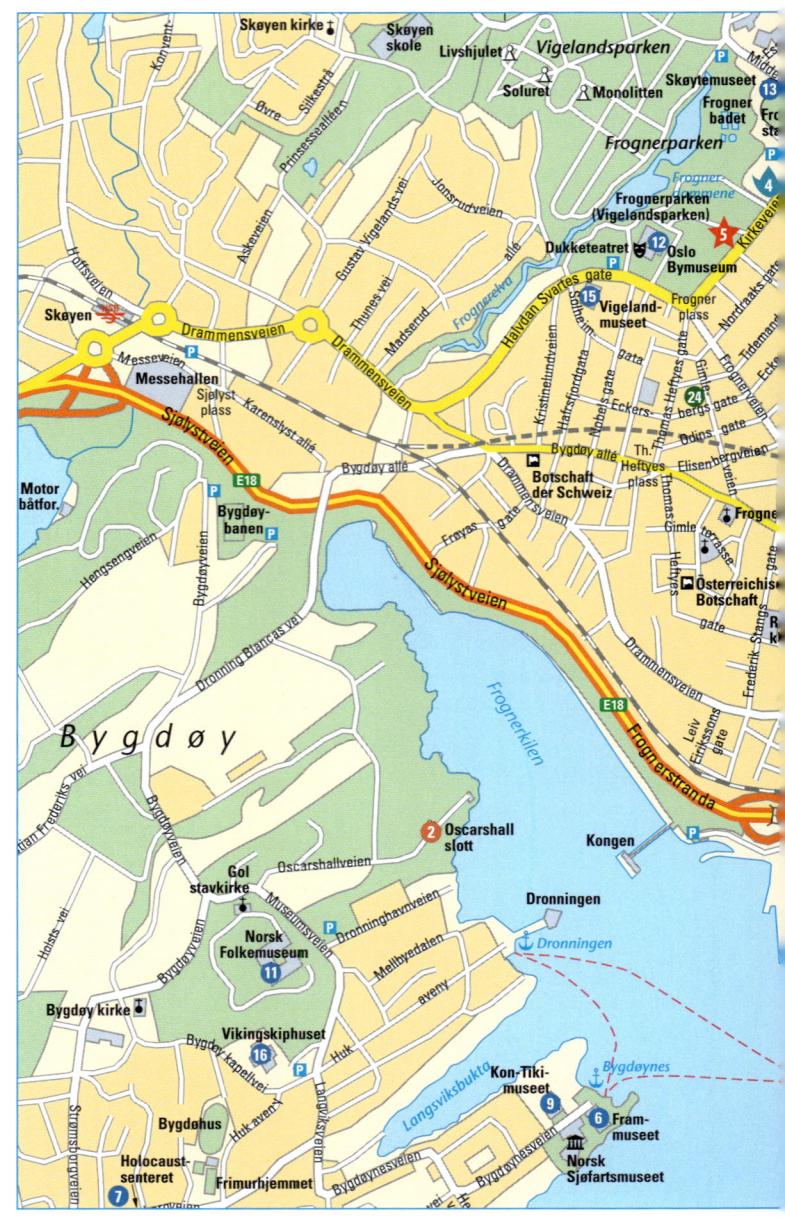

Graff.de

Buchhandlung Graff GmbH
Sack 15
D - 38100 Braunschweig
Tel: 0531 48089-0
www.graff.de
USt-ID: DE 242857418
Steuernummer: 14/203/41135

Kasse 7 - Nummer: 100-07-653429

L800- 1+ SEA0699   6,99 E
Modernes Antiquariat

Pos:	1 (1)	Summe EUR	6,99
Gegeben	Bar	EUR	20,00
Zurück	Bar	EUR	13,01

Mehrwertsteuerausweis

MWKZ	MWST	ST-BETRAG	NETTOBETRAG
(E)	7 %	0,46	6,53

Es bediente Sie Charlotte Liebig
Datum 15.07.2016   Zeit 10:45:02

Spätere Reklamationen des Wechsel-
geldbetrages werden nicht anerkannt.
Wir danken für Ihren Einkauf!

parken

Fagerborg
kirke

St. Hans-
haugen

Kjeldags Jacob Olle Aa.
Schultz
Industrigata
Vibes gate
Sofies
Eugenies
Collets
Colletts
Herman Foss gate
Foudstadts gate
Geitmyrsveien

29
Kirkeveien
Bogstadveien
Pilestredet
Thereses
Louises gate

Ullevålsveien

St. Dominikus
kirke

168
Spor
veisgata
Rosenborgata

Bislett
stadion

Thranes
Bjerregaards gate
Akersbakken

Fearnleys
gate
Industrigata
Holmbos
gate
28
Deutsche
Schule
Kristelig
Gym
Bislett
Sofies gate
Colletts gate

Markus
kirke

O.S.F
kir

Telthus

Prof.
Dahls
gate
Langaards-
løkken

Bølgen
& Moi
18
Eilert Sundts
Uranienborg
veien
Josefines
Grønnegata
Parkveien
Welhavens gate
Dalsbergstien gata

Høgskolen
i Oslo

Stensberggata

Akersbakken
Vår Frelsers
Gravlund
Tekno
inst.

Uranienborg
Bogstadveien
Oscars gate

Oslo
Katedral-
sk.

Damstredet

Deutsche
Botschaft
Skovveien
Camilla Collett v.
Hegdehaugsv.
Wergelands
veien
Pilestredet
Park

Vor Frue
Hospital
St. Olavs
kirke

Niels Juels gate
Inkognito

Slotts-
dammen

Slottsparken

Nordahl Bruns gate

St. Olavs gate
Kunstindustrimuse

Coldbjørnsen gate
Oscars
Henrik Ibsens gate
25
Frognerveien
Bygdøy allé
Mogens
Thorsens
park
Drammensveien
Lekkeveien
C. Adlers gate

Dronning-
parken

Det
Kongelige
Slott

Karl Johan
Ibsenmuseet

Nobel-
institutt

Historisk
museum

Kristian Augusts gate
Ring1
162
Keysers gate
Hammerborgtunnel

Deichmanske
bibl.
Regjerings-
bygningen

Mar

17
19
Sollivøt
27
8
22
Ruse-Joh.
løkka

Nasjontheatret
National-
theatret

Nasjonal-
galleriet
Univ. i Oslo
Ting-
huset

Karl Johans gate
Etoile
Bar
Julebord
gata

Nasjonal-
biblioteket
Munkedamsveien
Huitfeldts.
Parkveien
Stensersen-
museet
14
Konsert-
huset
F Nansens
plass
Stortingsgata
Stortinget
Møllergata
Dom-
kirke
Sto
Ba

Estetiske
fag
House
of Oslo
162
Ring1
Munkedamsveien
Ruse
løkkveien
Mårthas
plass
10
Kronpr.
Rådhuset
Tollbu
Prinsens
Nedre Slots
Karl Johans gate

Frognerstranda
Filipstad-
terminalen
Fredssenter
4
Aker
Brygge
Nobels
Rådhus-
plassen
3
2
1
Stranden
Fenaknoken
Rådhus
Hoved-
postkontor
Christiania
teater-
Filmm

Tjuvholmen
3
21
Hjemmefrontmuseum
Pipervika
Nasjonal-
museet
Arkitektur
Bank-
plassen
Myntgata
Norges
Bank

B

Tjuvtitten
4
5
Astrup Fearnley Museet
for Moderne Kunst

Norges-
museet
Museet for
samtids-
kunst

Astrup
Fearnley
museet
Havne
lagere

Akershus
slott &
festning
Krigs-
skolen
Espla

Akershusstranda
Kongens gate
Forsvars-
museet
Akershus

Kavringen
Vippetangen
0   300 m
© MERIAN-Kartographie

Hauptstädte Europas befindet, und nirgendwo sonst ist man gleichzeitig in der Stadt und am Meer.

🕐 Vormittags frisch gekochte Krabben direkt vom Boot (Rådhusbrygge) kaufen und gleich genießen.

Aker Brygge | Straßenbahn: Aker Brygge

⭐ Frognerparken (Vigelandsparken) 🧍‍♂️ 🚩 C 4/5

Der Frognerpark, benannt nach dem vornehmen Stadtteil, in dem er liegt, ist ein ansprechender Landschaftspark mit alten Bäumen. Seinen Status als meistbesuchte Attraktion Norwegens verdankt er allerdings der Anlage mit 212 Skulpturen des Bildhauers Gustav Vigeland (1869–1943), wegen der er auch Vigelandspark genannt wird. Die Skulpturenanlage ist das Resultat eines fast monomanischen Projekts, das sich über 40 Jahre hinzog und dessen Vollendung der Künstler selbst nicht mehr erlebte.

An der Kirkeveien betritt man den Park durch das von Vigeland gestaltete **Haupttor**. Nach kurzer Zeit erreicht man die **Brücke**, die 1940 als erster Teil des Parks vollendet wurde, mit 58 Bronzeskulpturen. Wie die meisten anderen Werke, drehen sie sich um das Thema Mensch in den verschiedenen Lebensaltern, die Verhältnisse zwischen den Geschlechtern und Generationen. Auf der linken Seite steht die Statue eines kleinen Jungen, der zornig mit dem Fuß aufstampft, die fast zum Wahrzeichen der Stadt avanciert ist. Die Osloer haben ihn besonders ins Herz geschlossen und nennen ihn »Sinnataggen« (kleiner Trotzkopf).

Vigelandsparken (▶ MERIAN TopTen, S. 76) ist die groß angelegte Kunstinstallation mit 212 Skulpturen von Gustav Vigeland, die er zwischen 1907 und 1942 schuf.

Nach der Brücke gelangt man zum **Brunnen**, dessen 20 Gruppen in Bronze den Kreislauf des Lebens darstellen. Die großzügige Treppenanlage führt auf das Plateau, auf dem der **Granitmonolith** mit seinen 121 menschlichen Relieffiguren steht, den wiederum 36 monumentale Granitgruppen umgeben. Den Abschluss bildet das genau in der Sichtachse gelegene **Lebensrad**, ein Kranz aus ineinander verschlungenen Menschen.

In der Nähe des Parks befindet sich das **Vigeland**-**Museum**, in dem neben anderen Kunstwerken von Gustav Vigeland auch dessen Entwürfe zur Parkanlage zu sehen sind. Auch in der Nationalgalerie (▸ MERIAN Top-Ten, S. 113) sind seine Werke präsent.

Zum Frognerpark gehören auch ein Freibad, Tennisplätze sowie das Frogner stadion, das im Sommer für Leichtathletik, im Winter zum Eislaufen genutzt wird, und gleich neben dem Haupteingang von Kirkeveien aus liegt ein großer Spielplatz.

🕒 Etwa eine Stunde vor Sonnenuntergang erstrahlen Vigelands Skulpturen in besonders schönen Farben.

Frogner, Frognerparken | Straßenbahn, Bus: Vigelandsparken | www.vigeland. museum.no | Eintritt frei

❷ Oscarshall slott ⚑ B 6

Dieses kleine Lustschloss im englischen neogotischen Stil wurde 1847–1852 auf der Halbinsel Bygdøy für den schwedischen König Oscar I. errichtet. Beim Bau achtete man sehr darauf, dass nahezu alle beteiligten Handwerker und Künstler Norweger waren, nachdem die Beschäftigung vieler Ausländer bei den Arbeiten am Schloss sehr kritisiert worden war. 1863 kaufte der norwegische Staat die gesamte Anlage der schwedischen Krone ab, stellte sie aber dem König zur Verfügung. Heute ist sie für die Öffentlichkeit zugänglich. Zu ihr gehört auch ein Park, der sich vom Hauptgebäude vorbei an einem Pavillon zur See hinab hinzieht, wo er an der Landungsbrücke mit einem weiteren Gebäude abgeschlossen wird.

Bygdøy | Oscarshallveien 805 | Bus: Kongsgården | www.kongehuset.no | Mitte Mai – Mitte Aug. Mi–So 11–16 Uhr, Mitte Aug.– Mitte Sept. Sa, So 11–16 Uhr | Eintritt 70 NOK, Kinder 40 NOK, Park Eintritt frei

❸ Tjuvholmen ⚑ ⚑ D 7

Neben dem spektakulären Operngebäude prägt seit Neuestem ein ganzer Stadtteil, Tjuvholmen, die Küstenfront Oslos. 2014 wurden die letzten Gebäude auf einem alten Hafengelände fertiggestellt, das aus einer Halbinsel und zwei Inseln besteht, die allesamt durch Brücken verbunden sind. Zur Entstehung von Tjuvholmen trugen einige namhafte Architekten bei, so auch Renzo Piano, der das neue Gebäude des Astrup-Fearley-Museum entworfen hat. Neben dem Museum gibt es einige interessante Galerien und vor allem Wohnungen, Büros, Restaurants und Geschäfte, aber auch ein Luxushotel, einen Skulpturenpark, einen Badestrand.

Tjuvholmen | Bus: Bryggetorget | www.tjuvholmen.no

❹ Tjuvtitten ⚑ ⚑ D 7

Im Tjuvholmener Aussichtsturm Tjuvtitten (»Der verstohlene Blick«) gleitet man in einem gläsernen Aufzug auf eine Höhe von 54 m und genießt dort einen grandiosen Blick auf Stadt, Fjord und die umliegenden Hügel.

Tjuvtitten | Tjuvholmen | Albert Nordengens plass | Bus: Bryggetorget | Mai–Sept. | Eintritt 20 NOK

Fahrt zum Frognerseteren

Wenn man nach einigen Stunden auf den Beinen mal eine Pause braucht – warum das nicht mit einer kleinen Ausflugsfahrt verbinden? Wie wunderschön Oslo in seine grüne Umgebung eingebunden ist, sieht man am besten bei einer Fahrt mit der T-Bahn, Linie 1 Richtung Frognerseteren, einst die Alm des Gutes Frogner (▶ S. 13).

MUSEEN UND GALERIEN

5 **Astrup Fearnley Museet for Moderne Kunst** ▶ S. 109
6 **Framm museet** ▶ S. 110
7 **Holocaustsenteret** ▶ S. 111
8 **Ibsenmuseet** ▶ S. 111
9 **Kon-Tiki museet** ▶ S. 112
10 **Nobels Fredssenter** ▶ S. 115
11 **Norsk Folkemuseum** ▶ S. 115
12 **Oslo Bymuseum** ▶ S. 116
13 **Skøytemuseet** ▶ S. 118
14 **Stenersenmuseet** ▶ S. 118
15 **Vigelandmuseet** ▶ S. 118
16 **Vikingskiphuset** ▶ S. 118

ESSEN UND TRINKEN

RESTAURANTS
17 **Alex Sushi** D 6
Sushi für Genießer – Erstklassige Rohwaren aus dem Meer gibt es in Oslo reichlich, doch es kommt darauf an, wie man sie verarbeitet. Alex Sushi versteht dies höchst professionell und seit Jahren wird das Lokal immer wieder an erster Stelle genannt, wenn es um Sushi in Oslo geht.

Ruseløkka | Cort Adelers gate 2 | Straßenbahn/Bus: Solli | Tel. 22 43 99 99 | www.alexsushi.no | tgl. 16–23 Uhr | €€€€

18 **Bølgen & Moi** D 5
Brunch in der Trafostation – Die Herren Bølgen und Moi gehören zu den prominentesten und aktivsten Gastronomen des Landes. In einer alten Trafostation haben sie ein ungewöhnliches Lokal eingerichtet. Ein besonderes Erlebnis ist das Brunchbuffet am Sonntag: erstklassiges Brot, frische Säfte, erlesene Schinken… Eher junges, urbanes Publikum.

Briskeby | Løvenskiolds gate 26 | Straßenbahn: Briskeby | Tel. 24 11 53 53 | www.bolgenogmoi.no | Mo–Mi 11–24, Do–Fr 7.30–1, Sa 9–1, So 11–17 Uhr | €€€

19 **Restaurant Fauna** ▶ S. 28

20 **Hos Thea** C 6
Gemütlich französisch – Gediegene, französisch inspirierte Küche ohne Faxen in gemütlichem Ambiente – so wird man zur Institution, denn als solche kann man das kleine Restaurant, das es seit über 25 Jahren hier gibt und wo seit Beginn der gleiche Küchenchef am Herd steht, inzwischen nennen.

Skillebekk | Gabels gate 11 | Straßenbahn: Skillebekk | Tel. 22 44 68 74 | www.hosthea.no | tgl. 17–22.30 Uhr | €€€

Gourmetmenüs mit fangfrischem Fisch und feinsten Meeresfrüchten sind die Spezialität des Lofoten Fiskerestaurant (▶ S. 79) in Aker Brygge.

21 Lofoten Fiskerestaurant 🚋 D 6

Fisch vom Feinsten – Es gibt Fisch und alles andere, was fangfrisch aus dem Meer kommt. Neben dem À-la-carte-Menü stehen immer mehrere Drei- oder Vier-Gänge-Menüs auf der Karte, mit passenden offenen Weinen. Ein Fleisch- und ein vegetarisches Hauptgericht hält die Küche aber doch bereit für diejenigen, denen das andere zu fischig ist.

Aker Brygge | Stranden 75 | Straßenbahn: Aker Brygge | Tel. 22 83 08 08 | www.lofoten-fiskerestaurant.no | Mo–Sa 11–1, So 12–24Uhr | €€€€

Wollen Sie's wagen?

Manche Gerichte im Lofotstua erfordern schon etwas kulinarischen Wagemut. Haben Sie schon einmal frittierte Kabeljauzungen probiert, Walsteak oder Seehundeintopf? Übrigens: Die Norweger fangen nur Zwergwale, die nicht gefährdet sind.

Majorstua | Kirkeveien 40 | T-bane: Majorstua | Tel. 22 46 93 96 | www.lofotstua.no | Mo–Fr 15–22 Uhr, Sa, So geschl. | €€€

22 Ruffino   🍃 D 6

Pasta bei Ibsen – Henrik Ibsen, der bekanntlich viele Jahre in Italien gelebt hat, hätte sicher gefallen, dass sich im Erdgeschoss seines Hauses ein feines italienisches Restaurant mit exquisiter mediterraner Küche und einem erlesenen Weinangebot etabliert hat.

Ruseløkka | Arbins gate 1 | T-bane Nationaltheatret, Straßenbahn/Bus: Slottsparken | Tel. 22 55 32 80 | www. ruffino.no | Mo–Sa 16–23 Uhr | €€€

CAFÉS

23 Kolonihagen ▶ S. 32

24 Osteklokken   🍃 C 5

Dieses Café ist gleichzeitig ein Delikatessengeschäft mit einer guten Auswahl an südeuropäischen Schinken, Käsen (der Name bedeutet »Käseglocke«) und anderen Köstlichkeiten, was natürlich auch das Angebot für Frühstück/Brunch bereichert. Kleines, aber feines Lunchmenü; ideal auch, wenn man nur ein paar feine Sandwiches zum Mitnehmen möchte.

Frogner | Gimleveien 22 | Straßenbahn/Bus: Elisenberg (i Frognerveien) | Tel. 40 04 80 80 | www.osteklokken.no | tgl. 10–18 Uhr

BARS UND KNEIPEN

25 Champagneria   🍃 D 6

Eine schicke Bar im gehobenen Viertel Frogner mit entsprechender Klientel. Für den kleinen Hunger gibt es eine exzellente Tapas-Auswahl.

Frogner | Frognerveien 2 | Straßenbahn Solli | Tel. 21 94 88 02 | www. champagneria.com | Mo, Di 16–1, Mi 16–2, Do 16–3, Fr 15.30–3, Sa 13–3 Uhr, So geschl.

EINKAUFEN

ANTIQUARISCHES

26 Damms Antikvariat   🍃 C 6

Seit 1843 bestehendes Traditionshaus mit einer erlesenen Auswahl besonders an alten Landkarten und Bibeln in allen möglichen Sprachen.

Frogner | Frederik Stangs gate 46 | Straßenbahn/Bus: Elisenberg (i Frognerveien) | www.damms.no

KULINARISCHES

27 Pascal   🍃 D 6

Mitte der 1980er-Jahre kam ein junger französischer Konditor namens Pascal nach Oslo, blieb und eröffnete einige Jahre später seine eigene Konditorei, die in Oslo das Nonplusultra ist, was Torten, Kuchen, Confiserie etc. betrifft. Inzwischen ist das Stammgeschäft um ein Café/Tagesrestaurant erweitert worden, wo man die Köstlichkeiten auch vor Ort probieren kann.

Ruseløkka | Henrik Ibsens gate 36 | Straßenbahn/Bus: Slottsparken | Tel. 22 55 00 20 | www.pascal.no

MODE

28 Koma   🍃 D 5

Neben neuer Mode verschiedener internationaler Labels gibt es hier trendige Second-Hand-Kleidung, die von der Besitzerin des Geschäfts teils persönlich umgearbeitet wird. Sehr angesagt bei Oslos Fashionistas.

Uranienborg | Bogstadveien 11 | Straßenbahn/Bus : Rosenborg

29 Lille Vinkel Sko   🍃 D 4

Sehr gute Auswahl an trendigen modischen Schuhen.

Majorstua | Kirkeveien 59 | T-bane: Majorstua

Literarische Streifzüge durch die Welt –
mit beliebten Autoren die schönsten Regionen
und Metropolen entdecken.

MERIAN

erzählt

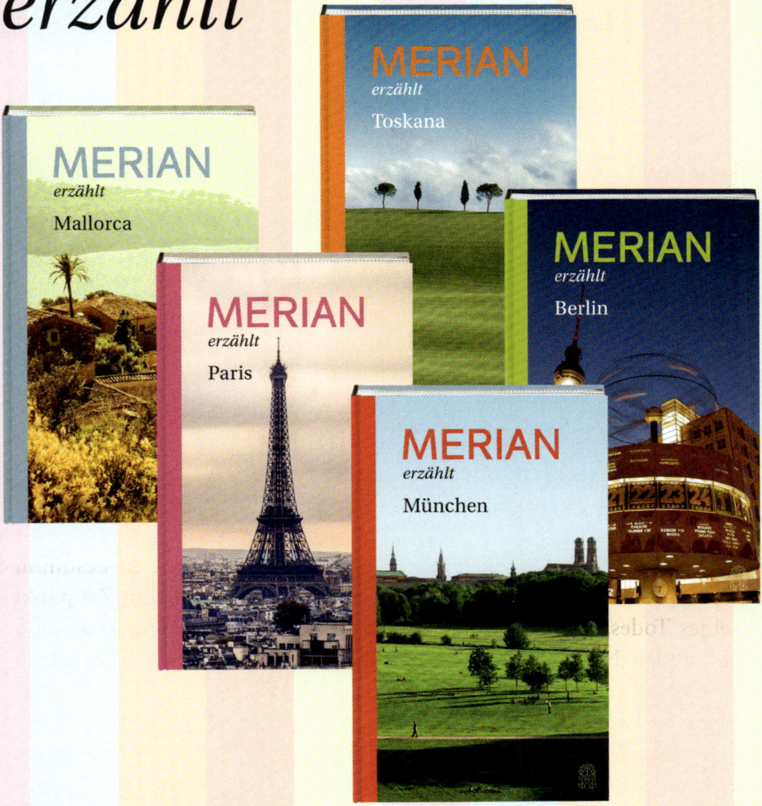

MERIAN
erzählt
Toskana

MERIAN
erzählt
Mallorca

MERIAN
erzählt
Berlin

MERIAN
erzählt
Paris

MERIAN
erzählt
München

Hoffmann und Campe

Im Fokus
Friedensnobelpreis

Seit 1901 wird der Friedensnobelpreis verliehen,
der seit 2012 mit acht Millionen Schwedischen Kronen dotiert ist.
Wie kam es aber dazu, dass dafür das norwegische Oslo
bzw. das damalige Christiania bestimmt wurde?

Bekanntlich werden jedes Jahr am 10. Dezember in Stockholm die Nobelpreise verliehen. Der schwedische König überreicht an Alfred Nobels Todestag aber nur vier der Preise. Der fünfte, der Friedensnobelpreis, wird im Osloer Rathaus verliehen. Wie ist es dazu gekommen?

Tatsächlich ist dies noch durch Alfred Nobel persönlich so bestimmt worden. Als Nobel sein Testament verfasste, auch noch zum Zeitpunkt seines Todes, war Norwegen mit Schweden durch eine Personalunion verbunden. Nobel verfügte, dass die Entscheidung über die Preisträger in dieser Kategorie durch ein Komitee zu erfolgen habe, das durch das norwegische Parlament ausgewählt werden sollte. Für die Außenpolitik der schwedisch-norwegischen Union war allein das schwedische Parlament zuständig, womöglich traute Nobel dem Storting zu, in außenpolitischen Fragen weniger beeinflussbar zu sein.

Geholfen hat es nicht viel, denn nicht wenige der Entscheidungen des fünfköpfigen Komitees waren äußerst kontrovers und wurden indirekt

◀ Im Osloer Rathaus wird alljährlich der
Friedensnobelpreis verliehen.

als Ausdruck norwegischer Außenpolitik aufgefasst. Als 1936 der deutsche Publizist Carl von Ossietzky – seinerzeit im KZ eingekerkert – den Preis zugesprochen bekam, reagierte die deutsche Regierung äußerst erbost und wertete die Verleihung als aggressiven Akt norwegischer Außenpolitik. Als Reaktion darauf wurde damals bestimmt, dass künftig Mitglieder des Storting nicht mehr in das Komitee gewählt werden können. Dennoch wiederholt sich die Geschichte: 2010 erhielt der chinesische Dissident Liu Xiaobo den Friedensnobelpreis; er saß und sitzt bis heute in chinesischer Haft. Die Regierung der Volksrepublik China protestierte auf das Schärfste und fror die Beziehungen zu Norwegen ein.

Andere Entscheidungen lösten zwar nicht gleich diplomatische Verwicklungen aus, aber auch nicht gerade Begeisterung. Bei der Verleihung des Preises an die EU witterte die starke Anti-EU-Bewegung in Norwegen eine Pro-EU-Agenda der Komitee-Mitglieder. Und bis heute versteht eigentlich niemand, warum Mahatma Gandhi, der mehrere Male nominiert war, den Preis nie bekommen hat. Glücklicherweise vergehen zwischen Bekanntgabe Mitte Oktober und der Verleihung am 10. Dezember immer mehrere Wochen, sodass die Debatten meist abgeklungen sind, wenn sich die Augen der Welt auf Oslo richten.

MIT POMP UND MUSIK

Die Verleihung selbst wird dann jedenfalls mit viel Pomp gefeiert. Anders als in Stockholm ist es zwar nicht der König, der den Preis überreicht, aber er ist jedes Mal anwesend. Fast mehr Aufmerksamkeit als die Verleihung selbst erhält inzwischen das Nobel-Konzert, das seit 1994 für die Preisträger veranstaltet wird. Präsentiert wird es gewöhnlich von zwei Hollywoodstars; zu den Moderatorenpaaren der letzten Jahre gehörten etwa Anne Hathaway und Denzel Washington oder Scarlett Johansson und Michael Caine. Nicht minder illuster ist die Liste der Musiker, die bei den sehr abwechslungsreichen Konzerten auftreten, hier wechseln sich internationale Top-Stars und norwegische Musiker ab.

Teilnehmen können daran leider nur eingeladene Gäste, aber immerhin wird das Konzert im Fernsehen übertragen. Die besten Chancen, als Preisträger dabei zu sein, hat man anscheinend als US-Präsident: Schon viermal wurde ein amtierender oder ehemaliger amerikanischer Präsident ausgezeichnet, dazu zweimal US-Vizepräsidenten.

GRÜNERLØKKA UND
ST. HANSHAUGN

Vielleicht ist Grünerløkka der Prenzlauer Berg Oslos: das einstige Arbeiterquartier am Fluss Akeselva gibt sich unaufgeregt und bunt, mit interessanten kleinen Läden, einer erstaunlichen Dichte an Straßencafés, Restaurants, mit angesagten Clubs und viel Grün.

Im 19. Jh. erlebte Olso einen ungeahnten Boom und zwischen 1800 und 1900 verzehnfachte sich die Bevölkerung. Neue Stadtteile entstanden buchstäblich auf der grünen Wiese – und genau das bedeutet der Namensbestandteil »Løkke«. Entlang des Flusses Akerselva entwickelte sich zu der Zeit ein beträchtliches Industrieareal und in den benachbarten Gebieten Wohnungen für die Arbeiter. Da damals in Norwegen weder die Arbeitskraft noch das Know-how für den Neubau eines derartig dimensionierten Stadtquartiers vorhanden war, wurden dafür viele Handwerker aus dem Ausland, nicht zuletzt aus Deutschland herangeholt. Ende des 19. Jh. lagen dann drei der fünf bevölkerungsreichsten Straßen Oslos in Grünerløkka.

◀ Damstredet (▶ S. 86), ein alter Straßen-
zug in Grünerløkka.

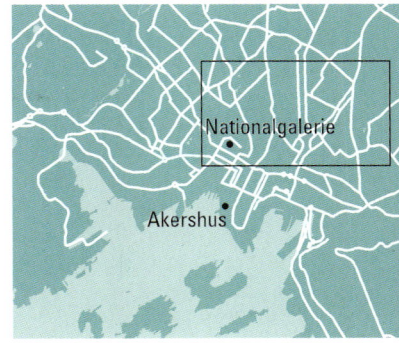

In den 1990er-Jahren setzte eine bis
heute andauernde Phase der Gentrifizierung ein und der Stadtteil
wurde zum beliebten Szeneviertel.
Als Folge haben in der ehemaligen Industriearbeitergegend die
Immobilienpreise horrende Höhen
erreicht. Arbeiter und mittellose
Künstler sind längst den Akademi-
kern, Kreativen und Hipstern gewichen.

SZENEVIERTEL UND GARTENSTADT

Neben dem namengebenden Viertel gehören zum Stadtteil Grünerløkka
auch einige benachbarte Viertel, wie Teile von Tøyen mit seinem Park
und dem Munch-Museum, oder ehemalige Industriegebiete auf der
Westseite der Akerselva.
Der angrenzende, westlich der Akerselva gelegene Stadtteil St. Hans-
haugn entstand ein wenig früher als Grünerløkka und war ein eher bür-
gerliches Wohnquartier. Namengebend für das Viertel ist eine Anhöhe
mit einem bei den Bewohnern sehr beliebten Park in seinem Zentrum. In
diesem Stadtteil mit Straßen wie Damstredet und Telthusbakken stehen
einige der ältesten Wohnhäuser Oslos.

SEHENSWERTES

**❶ Gamle Aker kirke (Alte Aker
Kirche)** 🗡️ E5

Diese Kirche aus dem 11. Jh. ist Oslos
ältestes Gebäude und überhaupt die
einzige mittelalterliche Kirche in der
Stadt, die bis heute Bestand hat. Es
handelt sich bei ihr um eine dreischif-
fige romanische Basilika aus Kalkstein.
St. Hanshaugn/Gamle Aker | Akers-
bakken 26 | Bus: Stensberggate, Telthus-
bakken | www.gamle-aker.no | Mitte
Sept.–Mitte Mai Mi, Fr 12–14; Mitte Mai–
Mitte Sept. Di–Fr 12–16 Uhr

**Bummel in der
Gartenstadt**

Die Gartenstadtbewegung erreichte
in der Zeit um den Ersten Weltkrieg auch Oslo. In der übervölkerten Stadt wollte man so gesunden
Wohnraum für Arbeiter im Grünen schaffen. Heute gelten die Siedlungen als die angenehmsten und
ansprechendsten Wohnviertel der
Stadt, die immer auch zu einem
Spaziergang einladen (▶ S. 13).

② Botanisk hage (Botanischer Garten) 👫   ✔ F 6

Norwegens ältester Botanischer Garten wurde im Jahr 1814 gegründet, als Teil der erst drei Jahre vorher etablierten Universität. Das Areal war schon seit dem Mittelalter ein Gut, das erst zum Marienkloster auf der Insel Hovedøya gehörte, später dann in adligem Besitz war, bis es 1812 von der dänischen Krone erworben wurde. Das Hauptgebäude des Gutes, Tøyen Hovedgård, liegt noch heute mitten im Botanischen Garten. Im Zuge seiner Restaurierung 2006/2007 wurde festgestellt, dass es aus dem Jahre 1679 stammt und somit das älteste in Blockbauweise errichtete Gebäude Oslos ist. Hier gibt es auch ein Café für die Besucher der Anlage.

Der Botanische Garten untersteht heute dem Naturhistorisk museum (▶ S. 115) der Universität, dem neben dem Garten und seinen Gewächshäusern auch das Geologisk museum und das Zoologisk museum angehören; beide befinden sich auf demselben Gelände. Das gesamte Areal fungiert als Arboretum, als Baumsammlung, mit exotischen und seltenen Baumarten sowie einigen Obstbäumen, die besonders in der Blütezeit ein herrliches Bild abgeben. Weiterhin gibt es einen Kräutergarten, einen Duftgarten, der besonders auch für Personen mit Sehbehinderungen interessant ist, den »Osloryggen«, der die Flora des inneren Oslofjords präsentiert, und den alpinen Berggarten. Der wissenschaftlichen Klassifikation der Pflanzen entspricht das Ordnungsprinzip im Systematischen Garten. In den beiden historischen Gewächshäusern sind exotische Pflanzen zu sehen.

Tøyen | Sars' gate/Monrads gate | T-bane: Tøyen, Straßenbahn: Lakkegata skole | www.nhm.uio.no | Garten: 15. März – 30. Sept. Mo–Fr 7–21, Sa, So 10–21 Uhr, 1. Okt.–14. März Mo–Fr 7–17, Sa, So 10–17 Uhr, Gewächshäuser: Di–So 11–16 Uhr | Eintritt (beinhaltet auch Museen) 50 NOK, Kinder 25 NOK

③ Damstredet   ✔ E 5

Eine idyllische, verwinkelte und steile Gasse mit bunten Holzhäusern, die einen Eindruck des alten Oslo vermittelt. Sämtliche Gebäude wurden im 18. und 19. Jh. errichtet, das älteste, genannt »Solberg« (Damstredet 1), stammt aus dem Jahr 1756. Hier be-

fand sich auch die Wohnung des Dichters Henrik Wergeland, des wichtigsten norwegischen Intellektuellen in der ersten Hälfte des 19. Jh., der sich unter anderem um Norwegens kulturelle Selbstständigkeit und die Religionsfreiheit verdient gemacht hat und im nahe gelegenen Friedhof Vår Frelsers Gravlund begraben liegt.

St. Hanshaug/Fredensborg | Damstredet | Bus: Nordahl Bruns gate

4 Paulus kirke (Pauluskirche) 🗺️ F5
Architekt Henrik Bull, von dem auch der Entwurf für das Nationaltheater stammt, plante diese 1892 eingeweihte Kirche in Grünerløkka. Es handelt sich um eine Langkirche in Ziegelbauweise. Der vorherrschende Baustil ist Neugotik, aber man erkennt auch Einflüsse norddeutscher Backsteinarchitektur und norwegischer Stabkirchenarchitektur, die an den Proportionen ebenso wie an Details, etwa den Drachenköpfen, sichtbar wird.

Grünerløkka | Thorvald Meyers gate 31–1 | Straßenbahn: Birkelunden | www.pauluskirke.org | Mo–Fr 10–14 Uhr

5 Vår Frelsers Gravlund (Unser Heiland Friedhof) 🗺️ E5
Ursprünglich 1808 bei einer Choleraepidemie gegründet, wurde Vår Frelsers Gravlund (Unser Heiland Fried-

hof) bald zum Begräbnisplatz des gehobenen Bürgertums als parkähnliche Anlage mit vielen aufwendig gestalteten Grabstätten. 1903 wurde der zentrale Teil des Geländes zum Ehrenfriedhof ernannt. Besonders hier haben viele berühmte Norweger ihre letzte Ruhestätte gefunden, so der große Dramatiker Henrik Ibsen, der Literatur-Nobelpreisträger Bjørnstjerne Bjørnson, der Komponist der norwegischen Nationalhymne, Richard Nordraak, und der Maler Edvard Munch.

St. Hanshaugn/Gamle Aker | Akersbakken 32 | Bus: Stensberggata | www.gravferdsetaten.oslo.kommune.no | ständig geöffnet | Eintritt frei

> **Aufwartung bei den toten Dichtern** 6
>
> Einige der größten Dichter Norwegens sind auf dem ziemlich zentral gelegenen Friedhof Vår Frelsers Gravlund begraben, so auch Henrik Ibsen und Bjørnstjerne Bjørnson. Wo könnte man ihrer Werke besser gedenken als in dieser wunderbaren Anlage (▶ S. 14)?

MUSEEN UND GALERIEN

6 **Geologisk museum** ▶ S. 110
7 **Munch museet** ▶ S. 112
8 **Naturhistorisk museum** ▶ S. 115
9 **Zoologisk museum** ▶ S. 119

ESSEN UND TRINKEN

RESTAURANTS

10 **Døgnvill Bar & Burger** 🚩 ⚑ E 5

Burger & Shakes – Døgnvill ist ein Burgerrestaurant im ehemaligen Industrieareal Vulkan, in Nachbar-

schaft einiger Kultureinrichtungen. Hier grillt man auf hohem Niveau Burger aus exzellenten norwegischen Zutaten und in einigen ausgefallenen Varianten, aber das wirklich Besondere sind die erstklassigen Milkshakes, mit oder ohne Alkohol.

Grünerløkka | Maridalsveien 13 H | Straßenbahn: Schous plass, Bus: Møllerveien | Tel. 21 38 50 10 | www.dognvill burger.no | Mo, So 12–23, Di–Do 12–0, Fr, Sa 12–1 Uhr

11 **Smalhans** 🚩 E 5

Schmalhans trifft Krösus – Hier ist nicht, wie der selbstironische Name uns glauben machen will, Schmalhans Küchenmeister. Das Angebot richtet sich nach den täglichen Mahl-Zeiten: Mittags gibt es ein einfaches Lunchmenü; zwischen 16 und 18 Uhr, in Norwegen die Zeit der Hauptmahlzeit, kommen Tagesgerichte mit »internationaler Hausmannskost« auf den Tisch und nach 18 Uhr kann man zwischen den wöchentlich wechselnden Menüs auswählen, die »Smalhans« und »Krøsus« betitelt sind und aus fünf bzw. zehn Gerichten bestehen. Serviert wird nicht auf dem Teller, sondern in Schüsseln und auf Platten, aus denen sich alle bedienen. Auf der Weinkarte stehen auffallend viele ökologisch erzeugte Weine.

St. Hanshaugn | Waldemar Thranes gate 10 (Eingang Ullevålsveien) | Bus: St. Hanshaugn (ved Markus krk) | Tel. 22 69 60 00 | www.smalhans.no | Di–So 11–0.30 Uhr

12 **The Nighthawk Diner** 👫 ⚑ F 5

All American in Grünerløkka – Vom »bottomless cup« (Kaffee nachschenken gratis) über Burger bis zum amerikanischen Akzent der Bedienung – authentisches Diner im perfekt gestylten Retro-Look.

🕐 Mit dem Frühstück ab 7, mit Pfannkuchen und reichlich Kaffee ist man für einen langen Tag gerüstet.

Grünerløkka | Seilduksgata 15 | Straßenbahn: Olaf Ryes plass | Tel. 96 62 73 27 | www.nighthawkdiner.com | Mo 7–23, Di–Do 7–0, Fr 7–1.30, Sa 10–1.30, So 10–23 Uhr | €€

⑬ Trancher   E 5

Entrecôte – what else – Ein originelles, minimalistisches Konzept hat dieses kleine Steakhouse: als Hauptgericht gibt es ausschließlich niedrigtemperaturgegartes Entrecôte. Punkt. Der Gast wählt dazu Vorspeisen, Beilagen, Dessert und Getränke.

Grünerløkka | Thorvald Meyers gate 78 | Straßenbahn: Nybrua | Tel. 22 36 47 60 | www.trancher.no | tgl. 16–24 Uhr | €€€

⑭ Tranen   E 5

Modernisierte Tradition – An dieser Stelle existiert schon seit den 1920er-Jahren ein »Volksrestaurant«. Über die Jahre hatte es ordentlich Patina angenommen, bis 2013 grundlegend saniert wurde, ohne die heimelige Atmosphäre zu negieren. Die Küche ist modern norwegisch-international. Samstags auch populär für Brunch/Lunch. Bar im ersten Stock.

St. Hanshaugn | Waldemar Thranes gate 70 | Bus: Alexander Kiellands plass | Tel. 94 01 93 31 | www.tranen. no | Mo, Di 16–22, Mi–Fr 16–0.30, Sa 12–0.30 Uhr

»Smalhans« bedeutet in diesem Fall nicht darben, denn in dem so benannten Lokal (▶ S. 88) wird man gut satt und ein Abendmenü heißt sogar »Krösus«.

CAFÉS

⓯ Tim Wendelboe ⚑ E 5

Selbst gebrannt – Kaffeebrennerei mit Espressobar, geführt von einem ehemaligen Barista-Weltmeister. Der Ort für einen erstklassigen Kaffee.

Grünerløkka | Grüners gate 1 | Straßenbahn: Olaf Ryes plass | Tel. 40 00 40 62 | www.timwendelboe.no | Mo–Fr 8.30–18, Sa, So 11–17 Uhr

BARS UND KNEIPEN

⓰ Bar Boca ⚑ F 5

Intim und retro – Schuhschachtel-große Bar im lässigen Retro-Design. Unmöglich, bei der Enge nicht mit dem Nachbarn ins Gespräch zu kommen; exzellente Drinks.

Grünerløkka | Thorvald Meyers gate 30 | Straßenbahn: Olaf Ryes plass | Tel. 22 04 13 77 | Mo, Di 17–1, Mi, Do 12–2, Fr, Sa 12–3, So 12–1 Uhr

⓱ Café Mir ⚑ F 5

Ausgefallenes Hinterhoflokal – Lust auf eine Partie Schach oder Backgammon? Gibt es hier, ebenso wie zwei Kicker im Keller – in Norwegen eine Seltenheit! Abends regelmäßig Livemusik, vorwiegend aus der Ecke Rock/Alternative oder Jazz.

Grünerløkka | Toftes gate 69 | Straßenbahn: Schous plass | Tel. 22 37 39 70 | www.lufthavna.no/mir

⓲ Grünerløkka brygghus ⚑ F 5

Very British – Ein Gastropub, das seine englischen Vorbilder ernst nimmt. Seit 2010 wird hier das Bier aus der nahe gelegenen und gleichnamigen kleinen Brauerei ausgeschenkt, zum Essen gibt es englische Pub-Klassiker wie Fish & Chips. Hier wird alles stilecht an der Theke bestellt. Große Auswahl von Fassbieren, noch größere (50+) an Flaschenbieren.

Grünerløkka | Thorvald Meyers gate 30b | Straßenbahn: Olaf Ryes plass | Tel. 96 62 28 31 | www.brygghus.no | Mo, Di 15–1, Mi, Do 15–2, Fr 15–3, Sa 12–3, So 14–0 Uhr

EINKAUFEN

DESIGN UND WOHNEN

⓳ Medmer ⚑ F 5

Lampen, Möbel, Kunst, Design … Das meiste hier ist von skandinavischen Designern entworfen, im klassischen nordischen Stil: klar, funktional, modern.

Grünerløkka | Thorvald Meyers gate 19 | Straßenbahn: Birkelunden | www.medmer.no

⓴ Frøken Dianas Salonger ⚑ F 5

Einrichtung, Mode und Schmuck vom 19. Jh. über die 1950er/1960er-Jahre bis heute. Der Name des charmanten Ladens ist eine Anspielung auf Ibsens »Hedda Gabler« und spannt einen Bogen zu den beiden Besitzerinnen, Schauspielerinnen mit Hang zu schönen Dingen.

Grünerløkka | Markveien 56 | Straßenbahn: Nybrua | www.frokendianas salonger.no

KULINARISCHES

㉑ Birkelundens lille franske ostebutikk ⚑ F 5

Französischer Käse und hausgebackenes duftendes Brot für die leckeren Baguettes zum Mitnehmen.

Grünerløkka | Thorvald Meyers gate 27 | Straßenbahn: Birkelunden | www.franskostebutikk.no

Es macht sichtbar Spaß, in den Markthallen von Grünerløkka (▶ S. 91) einzukaufen, wo heimische Kleinproduzenten und Spezialitätenhändler mit Verve ihre Köstlichkeiten feilbieten.

22 Mathallen Oslo 🚩   🔖 E 5

Was Oslo bislang gefehlt hat: eine Markthalle, in der man hochwertige Lebensmittel einkaufen kann, am liebsten direkt vom Produzenten. In der ehemaligen Vulkan-Gießerei gibt es sie nun. Viele der Stände sind sowohl Laden als auch Lokal, also ideal zum Lunch oder für einen kleinen Snack. Grünerløkka | Maridalsveien 17 | Straßenbahn: Schous plass, Bus: Møllerveien | www.mathallenoslo.no

MODE

23 Barnehuset 🔖 F 5

Pfiffige Kinderkleidung. Besonders im Bereich Wollsachen und Winterkleidung gibt es hier wunderbare Mitbringsel. Daneben auch nostalgisches Spielzeug und einfach nur schöne Einrichtungsgegenstände.

Grünerløkka | Thorvald Meyers gate 78 A | Straßenbahn/Bus: Heimdalls gate | www.barnehuset.no

24 Ugler i mosen 🔖 F 5

Kleiner Shop, der ausgesuchte Vintage-Mode und aktuelle Kollektionen unabhängiger Designer führt.

Grünerløkka | Markveien 58 | Straßenbahn: Nybrua | 40 53 18 58 | Mi–Sa 12–18 Uhr

KULTUR UND UNTERHALTUNG

BALLETT UND TANZ

25 Dansens Hus ▶ S. 39

BARS UND CLUBS

26 Schouskjelleren ▶ S. 40

JAZZ, ROCK UND POP

27 Blå ▶ S. 41

Im Fokus
»Der Schrei« – Edvard Munchs Meisterwerk

Der »Schrei«, die vielleicht berühmteste Schöpfung Edvard Munchs, ist so etwas wie eine Ikone norwegischer Kunst und zugleich ein Schlüsselwerk der Moderne. Spannend auch das Schicksal dieses Bildes.

Es gibt ihn auf Tassen, T-Shirts, Duschvorhängen, in unzähligen Reproduktionen als Poster, in mehr oder weniger lustigen Varianten und Parodien mit Katze oder Homer Simpson: wenige Bilder sind so bekannt wie der »Schrei« von Edvard Munch (1863–1944). Auf einer Liste der ikonischsten Werke der Kunstgeschichte wird dieses immer auf den vordersten Plätzen landen.

Nicht unerheblich trug auch zu seiner Bekanntheit bei, dass der »Schrei« in der jüngeren Vergangenheit mehrmals in der internationalen Presse Furore machte: 1994 durch einen dreisten Kunstdiebstahl, 2004 durch einen bewaffneten Überfall auf das Munch-Museum und 2012 durch eine Auktion, die den Rekordpreis von 120 Millionen Dollar erzielte.

Moment, mag sich da so mancher fragen, dasselbe Bild zweimal gestohlen und dann noch versteigert – wie geht das an? Die Antwort ist einfach: Den »Schrei« hat Edvard Munch gleich viermal gemalt. Munch war ein Künstler, der seine wichtigsten Motive gerne mehrmals bearbeitete, oft in

◄ Er ist wieder da: der »Schrei« von
Edvard Munch (► S. 92).

verschiedenen Techniken. Das Gemälde »Vampir« erschuf er ebenfalls in
vier Versionen, seine »Madonna« sogar in fünf. Daneben existieren von
vielen seiner Bilder auch Original-Lithografien – das erklärt, warum es
den »Schrei« auch in Schwarz-Weiß gibt.

ZWEIFELHAFTE BEGEHRLICHKEITEN

Über die Datierung der verschiedenen Schrei-Versionen sind sich die
Experten bis heute nicht ganz einig. Als sicher gilt, dass die erste Version
in Tempera auf Pappe im Jahre 1893 entstand; sie ist diejenige, die heute
in der Nasjonalgalleriet in Oslo zu sehen ist und die 1994 daraus ent-
wendet wurde – der Täter war einfach durch ein Fenster eingestiegen,
das nicht einmal durch eine Alarmanlage gesichert gewesen war. Glücklicherweise konnten sowohl der Dieb als auch das Kunstwerk wenig später dingfest gemacht werden. Beide waren unbeschadet geblieben und
beide wurden anschließend besser gesichert.

Nicht ganz so glimpflich verlief der Raubüberfall auf das Munch-Museum im Jahr 2004. Die Räuber waren am helllichten Tage mit Schrotflin-
ten bewaffnet in das Museum eingedrungen. Sie kannten sich anscheinend gut aus, wählten sie doch zwei der wertvollsten Gemälde des
Museums aus – neben dem »Schrei« auch eine der fünf »Madonna«-Ver-
sionen. Die Gemälde tauchten erst 2006 wieder auf, in stark beschädig-
tem Zustand, denn die Verbrecher hatten die Bilder einfach aus dem Rahmen gerissen. Im Zuge der Restaurierungsarbeiten wurde dieser »Schrei«
neu datiert und er gilt nun als die finale Version, die im Jahr 1910 entstanden sein dürfte. Zwischen diesen beiden Eckpunkten entstanden in den
1890ern noch zwei weitere Versionen in Pastell, von denen die eine ebenfalls im Besitz des Munch-Museums ist. Die andere Version befindet sich
in Privatbesitz und gilt als teuerstes Gemälde der Welt.

MUNCH UND CHRISTIANIA

Die Stadt Oslo wäre also schon mit den beiden »Schrei«-Versionen im
Munch-Museum Besitzerin eines veritablen Kunstschatzes, aber das ist
nur ein Bruchteil ihres Munch-Schatzes. Bei Munchs Tod im Jahr 1944
stellte sich nämlich heraus, dass er seine gesamte künstlerische und literarische Produktion, soweit noch in seinem Besitz, der Stadt vermacht
hatte. Dieses Erbe umfasste unter anderem 1100 Gemälde, 15 500 Grafiken

und 4700 Zeichnungen. Zur Verwaltung und Präsentation dieses Erbes erbaute die Stadt schließlich 1963 das Munch-Museum in Tøyen, das damit über ungefähr die Hälfte von Munchs gesamtem Schaffen verfügt. Munch fühlte sich in Oslo bzw. Christiania offenbar nicht verkannt oder schlecht behandelt und er hatte wohl auch keinen Grund dazu. Er verbrachte den Großteil seines Lebens in der Stadt und an einer Reihe von Orten kann man noch heute seinen Spuren folgen.

Edvard Munch war zwar nicht in Oslo zur Welt gekommen, aber noch vor seinem ersten Geburtstag zog die Familie auf die Festung Akershus, denn der Vater war Garnisonsarzt. Seine prägendsten Kindheitsjahre verlebte Edvard Munch allerdings im Haus in Pilestredet 30, heute am nördlichen Rand des Zentrums gelegen, damals noch am Stadtrand. Dieses Haus, das sogenannte »Blitz-Haus«, ist heute vor allem dafür bekannt, dass es seit Jahrzehnten von der linksautonomen Szene besetzt ist. In diesem Haus wurde Munch, der selbst von schwacher Gesundheit war, mit Krankheit und Tod – später bedeutende Themen in seinem künstlerischen Schaffen – in seiner Familie konfrontiert.

PRÄGENDE SCHICKSALE

Als er fünf Jahre alt war, starb seine Mutter. 1875, da war Munch zwölf Jahre alt, zog die Familie nach Grünerløkka, an die Adresse Schous plass 1, wo heute das Kafé Munch an ihn erinnert. Dort starb 1877 seine ältere Schwester Johanne Sophie an Tuberkulose. Ihre Krankheit und ihr Sterben hat er Jahre später in dem Bild »Das kranke Kind« verarbeitet. Mit diesem Gemälde brach er radikal mit dem Realismus zugunsten einer ikonenartigen Komposition und er griff das Motiv in späteren Jahren immer wieder auf.

Munchs künstlerisches Talent war schon früh aufgefallen und bereits mit 17 war er Schüler der königlichen Zeichenschule. Als 20-Jähriger debütierte er in der Herbstausstellung in Christiania und bekam bald ein privat finanziertes Stipendium. Er war auch ein Mitglied der sogenannten »Christiania-Bohème«, deren führender künstlerischer Kopf der Maler Christian Krohg war, emanzipierte sich aber nach und nach vom naturalistischen Stil der Gruppe. 1889 hatte er als erster Künstler überhaupt eine Einzelausstellung in Christiania und erhielt ein mehrjähriges staatliches Künstlerstipendium, das ihm einen Studienaufenthalt in Paris ermöglichte. Dessen Ergebnisse präsentierte er 1892 wiederum in seiner Heimatstadt, was ihm eine Einladung zu einer Ausstellung in Berlin einbrachte – ein Skandalerfolg, der Munch schlagartig bekannt machte, auch wenn die Ausstellung schon nach einer Woche wieder geschlossen werden musste, da sie viele als Provokation auffassten.

Munch blieb dennoch einige Jahre in Berlin, wo er in einem Kreis vorwiegend skandinavischer Künstler und Literaten verkehrte, der sich im Gasthaus »Zum schwarzen Ferkel« Unter den Linden traf und zu dem neben Munch auch Gustav Vigeland und August Strindberg gehörten. In seine Berliner Zeit fällt die Entstehung der ersten Bilder, die später Teil des Zyklus »Lebensfries« werden sollten, mit seinen Worten »ein Gedicht über das Leben, die Liebe, den Tod«.

DER SCHREI DER NATUR

Zum »Lebensfries« gehört auch der »Schrei«, die ersten drei Variationen entstanden in Berlin. Munch, der sein künstlerisches Schaffen zeit seines Lebens auch literarisch kommentierte, beschrieb als Inspiration für das Bild ein Erlebnis in Christiania, als er mit Freunden einen Weg auf dem Ekeberg entlangging. Das Wasser und die Schiffe im Hintergrund sind also der Oslofjord, das Geländer begrenzt einen der Wege auf der relativ steilen Nordwestseite des Ekebergs zwischen Kongsveien und Valhallveien. Munchs Beschreibung des Erlebnisses kulminiert in den folgenden Sätzen: »Meine Freunde gingen weiter – ich stand da, zitternd vor Angst – und fühlte einen großen unendlichen Schrei durch die Natur.« Es ist also nicht die dargestellte Person, die schreit, sondern die Natur, wie Munch selbst auch ganz deutlich machte: In einer grafischen Version des Motivs schrieb er – auf Deutsch – den Titel »Ich fühlte das große Geschrei durch die Natur«.

Die verzerrten Formen der Hauptfigur ebenso wie die drastischen, nicht der Natur entsprechenden Farben des Bildes in all seinen Varianten zeigen ganz offensichtlich, dass Munch die realistische Phase seines Schaffens hinter sich gelassen hat. Ihm ging es nunmehr um die Darstellung innerer Zustände, er nannte das »Seelenmalerei«.

Nach seinen Berliner Jahren hielt Munch sich einige Jahre in Paris auf, bevor er nach Norwegen zurückkehrte. Seine Sommer verbrachte er hauptsächlich in seinem Sommerhaus in Åsgårdstrand am Oslofjord, wo auch einige Landschaftsansichten des Fjords entstanden. 1916 erwarb er ein großes Anwesen namens »Ekely«, Jarlsborgveien 14, im heutigen Stadtteil Ullern im Westen Oslos. Dort wohnte er bis zu seinem Tod 1944. Nach seinem Tod wurde es von der Stadt angekauft und in eine Künstlerkolonie umgestaltet, Munchs Haus selbst fiel leider 1960 dem Bau eines Parkplatzes zum Opfer; sein Atelier ist aber noch erhalten.

GAMLE OSLO UND DIE INSELN

In »Alt-Oslo« erlebt man noch etwas von dem traditionellen Milieu des Kleine-Leute-Viertels mit seiner Vielfalt, seinen Dialekten und Gerüchen, wobei sich Grønland zu einem bunten und exotischen Mikrokosmos von Zuwanderern gewandelt hat.

Gamle Oslo bedeutet »Altes Oslo« und hier, östlich des heutigen Zentrums und des Bahnhofs, lag die mittelalterliche Keimzelle der Stadt. Denn in der ausgehenden Wikingerzeit bestand an der Mündung des Flüsschens Alna unterhalb des Hügels Ekeberg eine bedeutende Siedlung mit Bischofssitz und Königshof. Auch der Name »Oslo« stammt aus der Zeit, er bedeutet wahrscheinlich »Ebene am Hügel«. Die zahlreichen Inseln im Oslofjord gehörten auch damals schon zur Stadt, sie waren zum Großteil im Besitz der Kirche. Vom mittelalterlichen Oslo zeugen heute noch die Ruinen der aus Stein gebauten Kirchen; die übrige Bebauung war aus Holz und fiel den häufigen Stadtbränden zum Opfer.
Nachdem Norwegen seine Eigenständigkeit verloren hatte, spätestens aber nach dem verheerenden Feuer von 1624 und der Gründung des neuen Christiania, galt der Name »Oslo« für 300 Jahre lang nur noch als

◀ Es gibt sie noch, die alten Holzhäuser
von Gamlebyen (▶ S. 97).

Name einer Arme-Leute-Siedlung
vor den Toren der Stadt.

VIERTEL DER KLEINEN LEUTE

Seinen Charakter als Stadtteil der
kleinen Leute hat Gamle Oslo
allerdings bis heute behalten. In
Vierteln wie **Vålerenga, Kampen**
und **Gamlebyen** existieren noch
manche Holzhäuser aus dem 19. Jh.
Hier findet man die letzten Sprecher des traditionellen Stadtdialekts
»Oslomål« und hier schlägt natürlich auch das Herz von Oslos größtem
Fußballverein **Vålerenga. Grønland**, das dem Zentrum nächstgelegene
Quartier, ist das Viertel der vorwiegend pakistanischen Einwanderer;
hier gibt es eine hohe Konzentration von Immigrantenläden und indisch-
pakistanischen Restaurants. Die Gentrifizierung hat diesen Stadtteil bisher noch nicht erfasst; die Frage ist, wie lange noch. Schon wird die
Hafengegend östlich der Oper modernisiert und neuerdings findet man
in Gamle Oslo auch das schickeste Restaurant der Stadt.

SEHENSWERTES

① Ekebergparken skulpturpark 🚩

🚤 **F 7/8**

Am Südrand des mittelalterlichen Oslo
erhebt sich die Anhöhe Ekeberg. War
diese bisher vor allem von archäologischem und geologischem Interesse, so
dürften sich seit Kurzem auch Kunstfreunde dafür interessieren. Im September 2013 eröffnete nämlich dort ein
Skulpturenpark. Dieser geht auf eine
Initiative des Kunstmäzens und Brauerei-Erben Christian Ringnes zurück,
der auch einen Großteil der Kunstwerke beigesteuert hat. In der weitläufigen Anlage, die von Spazierwegen
durchzogen ist, werden derzeit über
30 Skulpturen ausgestellt, die teilweise
von so namhaften Künstlern wie Salvador Dalí und Auguste Rodin stammen. Ekebergparken stellt eine einzigartige Verbindung von Natur- und
Kunsterlebnis dar. An vielen Stellen
des Parks kann man auch eine wunderbare Aussicht auf Stadt und Fjord genießen. Zur leichteren Orientierung
gibt es übrigens eine App für iPhone
und Android.

Gamlebyen | Ekebergparken/Konge-
veien 23 | Straßenbahn: Oslo Hospital/
Sjømannsskolen, Bus: Brannfjellveien |
www.ekebergparken.com | Park ständig
geöffnet, Museum Nov.–April Sa, So 11–
16 Uhr | Eintritt frei

Lunch auf der Terrasse des Ekebergrestaurants

In Oslo und Umgebung gibt es einige wunderbare Gebäude im Stil des skandinavischen Funktionalismus und eines der schönsten ist das Restaurant Ekeberg. In den Sommermonaten kann man hier auf der Terrasse mittags gemütlich Pause machen und die fantastische Aussicht über Stadt, Fjord und Inseln auf sich wirken lassen. Ein anschließender Bummel durch den neuen Skulpturpark macht den Genuss perfekt (▶ S. 14).

6 Inseln im Oslofjord ✈ D/E 7/8

Zur Stadt Oslo gehören neun der Inseln im Inneren Oslofjord, dem Teil des Fjords, der nördlich von Drøbak liegt. Vier davon sind allerdings sehr nah an der Küste gelegen und auf dem Landweg erreichbar. Per Linienboot von Oslo aus gelangt man nach Hovedøya, Lindøya, Nakholmen, Gressholmen, Bleikøya sowie zur eigentlich zur Gemeinde Nesodden gehörende Doppelinsel Langøyene. Diese Inseln sind ein beliebtes Freizeitgebiet der Osloer und sie haben alle ihre unterschiedliche Geschichte und ihre Besonderheiten.

Hovedøya, die größte der Inseln im Oslofjord, liegt nur wenige Hundert Meter von der Festung Akershus entfernt und ist die Insel mit der größten historischen Bedeutung. 1147 wurde hier von englischen Mönchen das Marienkloster gegründet, eine Zisterzienserabtei, die sich zu einem wichtigen Wirtschaftsfaktor entwickeln sollte. Die Herrlichkeit des Klosters nahm allerdings ein jähes Ende, als 1532 der Abt in der Reformation in Konflikt mit dem Kommandanten der Festung geraten war. Die Besitzungen des Klosters wurden von der Krone eingezogen, die Gebäude in Brand gesteckt und geschleift. In der folgenden Zeit wurden die Ruinen als Steinbruch u. a. für die Neuanlage der Stadt und für den Bau von militärischen Anlagen auf der Insel selbst genutzt. Ferner sind über das Eiland verschiedene militärische Gebäude verstreut, zumeist Pulverarsenale, sowie mehrere Steinbrüche, die mitunter bis ins 19. Jh. hinein in Betrieb waren.

Heute ist Hovedøya mit seiner reichen Fauna ein beliebtes Erholungsgebiet und Naturreservat. Aufgrund des fruchtbaren Bodens wächst hier die größte Anzahl verschiedener Pflanzenarten in ganz Norwegen. Auch geologisch betrachtet ist das Gebiet von Interesse, es setzt sich nämlich aus dem Gestein zweier unterschiedlicher erdgeschichtlicher Epochen zusammen, was bei dem an der Südspitze zutage tretenden Gestein deutlich sichtbar ist. Man kann sich überall frei auf der Insel bewegen, untersagt ist allerdings das Mitnehmen von Pflanzen und Steinen. Seine Lage und bequeme Erreichbarkeit mit dem Boot machen es auch zu einer beliebten Badeinsel. Von Mitte Mai bis Mitte August lädt in der Nähe der Klosterruinen das Café Klosterkroa zu einer Verschnaufpause ein.

Auch die anderen Inseln haben für Einheimische wie für Ausflügler ihre besonderen Reize. Auf Nakholmen, Lindøya und Bleikøya befinden sich ausgedehnte Gebiete mit kleinen Sommerhäusern, von den Norwegern lie-

© MERIAN-Kartographie

Dem Alltag entkommt man schnell auf den Fjordinseln vor Oslo (▶ MERIAN TopTen, S. 98),
wie etwa Lindøya. Deshalb haben auch viele Osloer hier ein Sommerhäuschen.

bevoll »hytter« genannt, die häufig den ganzen Sommer über bewohnt sind. Auf allen drei Inseln, die teilweise Naturschutzgebiet sind, kann man schöne Spaziergänge unternehmen. Auf **Nakholmen** brüten viele Seevögel, **Lindøya** hat ein lauschiges Wäldchen mit Aussichtspunkt und auf **Bleikøya** findet sich der einzige Bauernhof der Osloinseln. Eine gewisse touristische Infrastruktur mit Geschäft, Trinkbrunnen und öffentlichen Toiletten findet sich aber nur auf Lindøya und Nakholmen. **Gressholmen** besteht eigentlich aus drei Inseln; die seichten Gewässer, die sie einst von Heggholmen und Rambergøya trennten, sind schon lange zugeschüttet. Wenn man das malerische Eiland heute ansieht, mag man es kaum glauben, aber hier befanden sich einst Industrie (die Gebäude und Gleise

einer Farbenfabrik sind noch heute erhalten), militärische Anlagen und – zwischen 1927 und 1940 – auch der Flughafen von Oslo. Heute steht auch diese Insel unter Naturschutz und hat zwei beliebte Badeplätze und ein Restaurant.

Auch **Langøyene** (»die langen Inseln«) bestand früher aus zwei Inseln, bevor der schmale Sund zwischen ihnen mit Müll aufgefüllt wurde. Heute gibt es hier einen beliebten Badestrand mit Kiosk. Die Insel ist die einzige, auf der man zelten kann, und das noch dazu gratis.

Oslofjord | Abfahrt Rådhusbrygge, beim Rathaus | Straßenbahn: Aker Brygge, T-bane/Bus: Nationaltheatret | Fähre 92 (ganzjährig) fährt an: Hovedøya, Lindøya und Nakholmen, Fähre 93 (ganzjährig): Hovedøya, Bleikøya, Gressholmen und

Lindøya, Fähre 94 (Ende Mai – Ende Aug.):
Langøyene | www.oslooyene.no |
30 NOK (gratis mit Oslo Pass)

Sommertag auf Langøyene

Wer im Osloer Sommer mal eine längere Auszeit braucht, für den gibt es keinen besseren Platz als Langøyene. Das waren ursprünglich zwei längliche Inseln, die zu einer verbunden wurden. Dort kann man sich ungestört entspannen, sonnen, baden, am Kiosk ein Eis kaufen, lesen … eben alles, was zu einem Sommertag am Strand dazugehört. Kein Wunder, dass die Insel zu den beliebtesten Badeplätzen der Osloer gehört. Dorthin kommt man mit der Bootslinie 94 vom Rathauskai, die nur im Sommer verkehrt (▶ S. 14).

❷ Mittelalterliche Gefilde

Die ausschließlich aus Holz gebauten Wohnhäuser des mittelalterlichen Oslo sind allesamt verschwunden. Nur Mauerreste vorwiegend sakraler Gebäude sind die Zeugen der frühen Stadtgeschichte. Sie sind in den Parkanlagen Gamlebyens zu sehen.
Den **Minneparken** (»Erinnerungspark«) nennt der Volksmund schlicht »Ruinenpark«, denn nur noch Reste erinnern an die Korskirke, an das Olavsklosters und ebenso an die Kathedrale St. Halvard, die Anfang des 12. Jh. errichtet und dem Schutzheiligen der Stadt Oslo geweiht wurde. Als Bischofskirche von Oslo überstand sie die Reformation 1537 ebenso wie den

verheerenden Stadtbrand von 1623. Mit dem Bau eines neuen Doms 1660 wurde sie aber überflüssig, verfiel und wurde als Steinbruch benutzt. Das **Olavskloster** war ein Dominikanerkloster, das mit der Reformation aufgelöst und dann zur Bischofsresidenz umfunktioniert wurde. Die Ruinen wurden 1623 und noch einmal 1880 teilweise durch den Bischofshof überbaut.
Südlich der Beispegata ist das stadtarchäologische Areal im Jahr 2000 mit dem **Middelalderparken** (»Mittelalterpark«) für Besucher weiter erschlossen worden. Hier findet man nicht nur die Ruinen der **Clemenskirke**, die um 1100 an die Stelle einer Stabkirche erbaut worden war, und der **Mariakirke**, die im Mittelalter die Kirche des Königs war und nach einem Brand 1523 abgerissen wurde, sondern auch **Reste des Königshofes**. Im Westen wird das Parkgelände vom **Vannspeil** begrenzt, einem lang gestreckten Teich, der die frühere Küstenlinie um 1300 nachzeichnet.

– Minneparken | Gamlebyen | St. Halvards plass | Straßenbahn: St. Halvards plass | Eintritt frei | Führungen Mai– Sept. Sa, So 13 Uhr | Treffpunkt: Oslo Ladegård, Barockgarten | Eintritt 80 NOK, Kinder 40 NOK   F7
– Middelalderparken | Gamlebyen, Sørenga | Straßenbahn: Oslo Hospital | Eintritt frei F7

❸ Oslo Ladegård F7

Auf den Gewölben der mittelalterlichen Bischofsburg **Oslo Ladegård** wurde Anfang des 18. Jh. ein anmutiges Barockpalais errichtet. Es liegt bei den Kirchen- und Klosterruinen des Minneparken. Im Inneren kann man die herrschaftlichen Salons besichtigen. Auch die Gewölbehalle im Untergeschoss, genannt »Bischof Nikolaus' Winterhalle«, ist zugänglich. Sie beherbergt eine Ausstellung über Begräbnissitten vom Mittelalter bis zum 17. Jh. Ein kleiner Barockgarten gehört ebenfalls zur Anlage.

Oslo Ladegård | Gamlebyen, Oslo gate 13 | Straßenbahn: St. Halvards plass | www.oslo.kommune.no/lade gard | nur mit Führung Mai–Sept. Sa, So 15 Uhr | Eintritt 80 NOK, Kinder 40 NOK

MUSEEN UND GALERIEN

4 Interkulturelles Museum ▸ S. 111

ESSEN UND TRINKEN

RESTAURANTS

5 Kampen Bistro ⚑ G 6

Elvis und 1950er-Jahre – Eine entspannte Atmosphäre herrscht in diesem Lokal mit 1950er-Jahre-Interieur und Elvis-Altar. Mit seiner täglich wechselnden Speisekarte hat sich die Küche des Restaurants im alten Arbeiterviertel Kampen den Ruf von gutem Essen zu für Osloer Verhältnisse sehr vernünftigen Preisen erkocht. Regelmäßig Livepop oder -jazz, besonders an Donnerstagen.

Kampen | Bøgata 21 | Bus: Kampen | Tel. 22 19 77 08 | www.kampenbistro. no | Mo–Fr 15–1, Sa, So 13–1 Uhr | €€

6 Maaemo ⚑ F 6

Sensationell – Noch nie hat es ein norwegisches Restaurant geschafft, aus dem Stand zwei Sterne im Guide Michelin zu ergattern. Küchenchef Esben Holmboe Bang hat mit seinen beiden Kompagnons einen Treffpunkt für Gourmets geschaffen, dessen kla-

res puristisches Interieurdesign das kulinarische Konzept spiegelt: Auf den Tisch kommen ausschließlich Gerichte aus regionalen ökologischen Rohwaren, also viel Fisch, Meeresfrüchte und Gemüse, und wenn Fleisch, dann norwegisches Wild. Das Menü (es gibt nur eines) besteht aus einer Abfolge von vielen kleinen Gängen, die gerne norwegische bäuerliche Esstraditionen anklingen lassen – allerdings sehr raffiniert. Derzeit wohl die Top-Adresse in Oslo.

Grønland | Schweigaards gate 15 | Straßenbahn/Bus: Bussterminalen Grønland | Tel. 91 99 48 05 | www.maaemo. no | Tel. 9 199 48 05 | Di–Fr ab 18 Uhr, Sa 11.30–15.30, ab 18.30 Uhr | €€€€

7 Punjab Tandoori ⚑ F 6

Günstig und authentisch – Einfach und billig mitten in Grønland. An der Einrichtung dieses Lokals hat noch kein Innenarchitekt etwas verdient, aber dem Publikum nach zu urteilen gibt es hier authentische indische Küche und die Wirtin steht selbst am Herd. Seit vielen Jahren ein Favorit bei der Lokalbevölkerung

Grønland | Grønland 24 | T-bane: Grønland | Tel. 22 17 20 86 | €

CAFÉS

8 Dattera til Hagen ⚑ F 6

»Hagens Tochter« ist ein bunt eingerichtetes, eher alternatives Café, das abends zur Bar mutiert. Oft Livemusik, sommers mit gemütlichem Hinterhof.

Grønland | Grønland 10 | T-bane: Grønlad | Tel. 22 17 18 61 | www.dattera.no | Mo, Di 11–1, Mi, Do 11–2, Fr, Sa 11–3, So 12–1 Uhr, Bar in der 2. Etage Mi–Do 19–22, Fr, Sa 21–3 Uhr

Recht gemächlich geht es in Grønland – »Grünland« (▶ S. 97) zu. Das bunte Leben im alten Kleine-Leute-Viertel prägen heute viele Emigranten, vor allem aus Pakistan.

BARS UND KNEIPEN

9 Olympen 🔖 F 6

Ehrlich und echt − Der Prototyp des »brun pub«, eines Lokals also, das durch die Jahre eine Patina angenommen hat und als solches legendär ist. Unter Freunden und Fans nur »Lompa« genannt. Serviert wird ehrliche Hausmannskost und sonntags der Sonntagsbraten. Beliebt und begehrt sind vor allem die 150 Biersorten aus kleinen heimischen Brauereien.

Grønland | Grønlandsleiret 15 | T-bane: Grønland | Tel. 24 10 19 99 | www. olympen.no | €

EINKAUFEN

MÄRKTE

10 Grønland Basar 🔖 F 6

Rund um Grønlands torg schlägt das Herz von Immigranten-Oslo und hierher passt Grønland Basar, auf dem man in einer guten Mischung zwischen norwegischen und internationalen, hauptsächlich pakistanischen Shops ein buntes Markttreiben erlebt. Lädchen mit pakistanischen Roben, Kunsthandwerk oder orientalischem Schmuck.

Grønland | Tøyengata 2 | T-bane: Grønland | Tel. 90 51 53 27 | www.gronland basar.no | Mo–Fr 10–20, Sa 10–18 Uhr

NICHT ZU VERGESSEN!

Sind auch die meisten Sehenswürdigkeiten Oslos auf das Zentrum bzw. die nahe gelegenen Viertel konzentriert, gibt es doch auch außerhalb das eine oder andere zu erkunden – stets von herrlichen Naturerlebnissen begleitet.

Die spektakulärste Attraktion in der Peripherie lässt sich überhaupt nicht in Kürze darstellen: die ausgedehnten Wald- und Seengebiete im Norden und Südosten der Stadt, die Oslomark. Hier gibt es buchstäblich Hunderte von Kilometern an Wegen durch praktisch unberührte Natur, durch kleine Täler, über Hügel und vorbei an Seen. Hier gilt einfach: Wanderkarte besorgen (es gibt zahlreiche Karten für die verschiedenen Teile der Oslomark), Rucksack packen und los. Im Winter lässt sich das natürlich auch hervorragend auf Skiern bewerkstelligen.

AM OSLOFJORD

An der Südseite des Zentrums und um Bygdøy erstreckt sich über viele Kilometer die Küstenlinie des Fjords, unterbrochen von vielen Inseln und Landzungen und wunderbaren Stränden. Hier gibt es auch die eine oder

◄ Blick vom Frognerseter, der Alm des Gutes
Frogner, hinab zum Oslofjord (► S. 105).

andere Architekturperle zu entdecken, denn in den 1930er-Jahren wurden viele grandiose Strandbäder im funktionalistischen Stil erbaut, wie
z. B. das Bad Ingierstrand im Südosten oder Hvalstrand in der Kommune
Asker westlich von Oslo.

OSLO VEST UND OSLO ØST

Die Stadtteile von Oslo, die hier nicht näher beleuchtet werden, sind
zum größten Teil Wohn- oder Gewerbegebiete. Die Areale, die sich ziemlich weit nach Osten erstrecken, prägt meistens mehrstöckige Wohn-
bebauung, oft auch mit einigen unschönen Beispielen für fehlgeleiteten
Modernismus der 1960er- und 1970er-Jahre. Das entgegengesetzte Bild
finden wir auf der Westseite der Stadt: In einem »Speckgürtel«, der sich
von Bygdøy zum Holmenkollen hinzieht, wohnen die Wohlhabenden in
ihren feinen Villen im Grünen.

Bogstad Gård 👪

Der herrschaftliche Gutshof gehörte
einst den Grafen Wedel Jarlsberg und
später auch Norwegens erstem Ministerpräsidenten Peder Anker. Das Interieur aus dem späten 18. Jh. ist nahezu
vollständig bewahrt. Zum Gut gehört
ein romantischer Landschaftspark im
englischen Stil mit idyllischen Spazier-
und Wanderwegen, der direkt ans Ufer
des Sees Bogstadvannet reicht.
Auf dem Hof wird bis heute Landwirtschaft betrieben; Tiere, eine Spiel- und
Malecke sowie zahlreiche Aktivitäten
für Kinder, dazu ein Café machen
Bogstad Gård gerade für Familien zu
einem lohnenden Ausflugsziel.
Nordmarka | Sørkedalen 826 | T-bane:
Røa, ab Røa Bus: Bogstad Gård | www.
bogstad.no | Di–So 12–16 Uhr, Führun-
gen Mitte Mai–Sept. Di–So 13, 14 Uhr |
Führungen 95 NOK, Kinder 30 NOK,
sonst frei

Frognerseteren 🚟 nördl. B 1

Im späten 19. Jh. entwickelte die norwegische Architektur eine Besonderheit, den sogenannten Drachenstil.
Diesen prägten einmal der damals in
ganz Skandinavien populäre »Schwei-
zerstil«, für den Holzbauten mit reich
verzierten Giebeln und überstehen-
den Dächern typisch sind, wie auch
eine nationalromantische Besinnung
auf die mittelalterlichen Wurzeln der
norwegischen Kultur, die mit reichen
Schnitzereien, fantasievoller Ornamen-
tik und Drachenköpfen – inspiriert
von den frühen Stabkirchen – in Er-
scheinung tritt. Einer der herausragen-
den Architekten dieses Stils war Holm
Munthe (1848–1898). Sein Meisterwerk
ist das 1891 im traditionellen Drachenstil gestaltete Restaurant auf dem Frognerseter, der Alm (Norwegisch: Seter)
des Gutes Frogner auf dem **Holmenkollen** 🔟 .

🕑 Kurz vor Sonnenuntergang liegt ein besonderes Licht über dem Oslofjord. Holmenkollen | Holmenkollveien 200 | T-bane: Frognerseteren | www.frogner seteren.no

Sognsvann

Ein beliebter Sonntagsspaziergang für Osloer und auch andere Flaneure, die nicht nur sonntags Zeit haben: einmal rund um den kleinen See Sognsvann. Die Tour ist zu jeder Jahreszeit beliebt, im Winter auch mit Skiern. Hin kommt man direkt mit der T-bane, Linie 3 (▶ S. 14).

Henie Onstad Kunstsenter

Sonja Henie wurde in den 1920er- und 1930er-Jahren erst als Eiskunstläuferin international bekannt, dann als Hollywoodstar weltberühmt. Zusammen mit ihrem Mann Niels Onstad sammelte sie leidenschaftlich Kunst. 1961 stifteten die beiden ihre Sammlung, zu der Werke von Picasso, Matisse, Beuys oder Christo, aber auch von norwegischen Künstlern gehören, zusammen mit einem namhaften Betrag für den Bau und den Unterhalt dieses 1968 eröffneten Museums, das westlich von Oslo liegt. Die ständige Ausstellung wird oft von Themenschauen ergänzt. Dazu gibt es noch einen Skulpturenpark, die Trophäensammlung Sonja Henies, einen eigenen Badestrand am Oslofjord und das Museumsrestaurant der Gastronomen Bølgen & Moi.

Høvikodden | Sonja Henies vei 31 | Bus 151: Høvikodden; alternativ: gratis Shuttlebus von Vigelandsparken zum

Einkaufszentrum Sandvika Storsenter, hält auch beim HOK; Abfahrt zweistündlich | www.hok.no | Di–Do 11–19, Fr–So 11–17 Uhr | Eintritt 80 NOK, Kinder gratis

Ingierstrand bad

Das Strandbad mit dem markanten Sprungturm ist ein Juwel funktionalistischer Architektur und wurde 1933 eröffnet. In den Zwischen- und Nachkriegsjahren war es so populär, dass den ganzen Sommer hindurch extra Fähren zwischen Oslo und dem Bad verkehrten. Nachdem es in den letzten Jahren peu à peu restauriert wurde, zuletzt 2013 das Restaurant im Bauhausstil, erstrahlt es in neuem Glanz und die denkmalgeschützte Anlage verbindet in schönster Weise Architekturgenuss und Sommerspaß.

Oppegård | Ingierstrandveien 30, 1420 Svartskog | Bus 87: Ingierstrand bad (nur Mitte Juni – Mitte Aug.), Zug: Kolbotn, dann Bus 907: Ingierstrand bad | www.ingierstrandbad.no

Norsk Teknisk Museum ▶ S. 116

Wollen Sie's wagen?

Die norwegischen Abiturienten müssen einige Mutproben bestehen, um sich anschließend mit den entsprechenden Trophäen schmücken zu dürfen. Eine davon: vor dem 1. Mai im Freien baden. Wer das geschafft hat, darf sich einen Eisstiel an die Mütze binden. In welchem Gewässer man das macht, ist eigentlich egal, aber Huk auf Bygdøy ist nicht die schlechteste Wahl.

Wie der Name schon sagt, verspricht TusenFryd (▶ S. 107), Norwegens größter Vergnügungspark, Kindern und Junggebliebenen »tausend Freuden« – mindestens.

Vergnügungsparks TusenFryd und VikingLandet 👫

Ob es tatsächlich tausend Freuden
sind, wie der Name **TusenFryd** verspricht, sei dahingestellt, aber in Norwegens größtem Vergnügungspark gibt
es alles, was den Kleinen Spaß macht:
von Goldwaschen bis hin zu zahllosen
Fahrgeschäften – natürlich auch eine
große Achterbahn –, Wasserrutschen
und ein Badefluss.

Im **VikingLandet** nebenan werden
Kinder in die aufregende Zeit der
Wikinger entführt. Dabei erwarten sie
ein Marktplatz, ein nachgebautes Wi-
kingerschiff, eine Schmiede und etliche
Handwerker, denen man dabei zu-
sehen kann, wie sie Pfeil und Bogen
schnitzen oder Wolle spinnen.

Vinterbro, Høyungsletta 19 | während
der Öffnungszeiten verkehrt halbstündlich »Tusenfrydbussen« Nr. 541 ab
Bussterminalen | www.tusenfryd.no |
Anfang Mai – Ende Sept. tgl. 10–16 Uhr,
in den norw. Sommerferien (Juli–Mitte
Aug.) bis 19 Uhr (vorher informieren) |
Eintritt variiert nach Körpergröße
und Saison: über 120 cm 299–389 NOK,
95–120 cm 259–315 NOK, unter 95 cm
frei

MUSEEN UND GALERIEN

Leicht kann man in Oslos Museen viele Stunden, wenn nicht Tage verbringen. Hier würdigt die Seefahrernation ihre Helden, das Freilichtmuseum entführt seine Besucher in vergangene Zeiten, und spektakulär sind die Begegnungen mit dem Werk Edvard Munchs.

Die Norweger sind ein Volk der Seefahrer und als solches betraten sie die Szene der Weltgeschichte: Mit ihren gefürchteten Drachenbooten verbreiteten sie Furcht vor den Küsten Europas und gelangten sogar bis zum amerikanischen Kontinent. Und über 1000 Jahre später erlangten wiederum Norweger mit Schiffen Berühmtheit; seien es die Polarabenteurer Nansen und Amundsen oder Thor Heyerdahl, der sich mit Flößen und anderen zweifelhaften Fahrzeugen auf die Weiten der Ozeane wagte. All das lässt sich auf der »Museumsinsel« Bygdøy erfahren.

Freilich haben sich die Norweger nicht nur als Seeleute hervorgetan. Die Stadt Oslo hat mit Edvard Munch eine jener Künstlerpersönlichkeiten hervorgebracht, deren Werke durch ihren unverwechselbaren Stil zu einem Teil der Weltkultur geworden sind. Zu Recht ist dem Künstler in seiner Heimatstadt ein eigenes Museum gewidmet.

◄ Das Osebergschiff aus der Wikingerzeit
im Vikingskipshuset (► S. 118).

Als Landeshauptstadt besitzt Oslo auch Museen, die sich dem vielseitigen nationalen Kulturschaffen, der Geschichte und der Natur des Landes verpflichtet haben. In den letzten Jahren sind besonders auch Sammlungen internationaler moderner Kunst in den Fokus getreten. Doch wer verstehen will, wo das Selbstverständnis der Norweger als freie, gleiche Nation seine Wurzeln hat, der muss nach Bygdøy ins Folkemuseum, denn im Herzen ist die bäuerliche Tradition des Landes noch sehr lebendig.

VIELFÄLTIGE MUSEUMSLANDSCHAFT

Viele Museen haben außerhalb der Monate Mai bis August eingeschränkte Öffnungszeiten. Montags ist vielerorts geschlossen, donnerstags länger geöffnet. Geschlossen sind die Museen meist an Neujahr, Ostersonntag und -montag, 1. Mai, 17. Mai (Nationalfeiertag) sowie an den Weihnachtstagen. Freien Eintritt hat man in den meisten Einrichtungen mit dem Oslo Pass, einige staatliche Museen gewähren immer freien Eintritt. Fast alle Museen halten ihre Ausstellungen mindestens zweisprachig (norwegisch/englisch), häufig gibt es auch Erläuterungen auf Deutsch.

MUSEEN
Astrup Fearnley Museet for Moderne Kunst 🚩   🔖 D 7

Dieses private Museum widmet sich strikt der modernen Kunst der letzten Jahrzehnte. Es wurde 1993 von der Reederfamilie Fearnley gegründet, in deren Ahnenreihe sich auch der norwegische romantische Maler Thomas Fearnley findet. Seit 2012 präsentiert es sich in einem vom Stararchitekten Renzo Piano entworfenen Gebäude auf Tjuvholmen.

In der Sammlung des Museums sind Werke so namhafter Künstler wie Andy Warhol, Anselm Kiefer, Gerhard Richter, Bruce Nauman, Francis Bacon, Cindy Sherman oder Damien Hirst vertreten. Spektakulär sind immer auch die Wechselausstellungen, die Avantgardekunst auf der Höhe der Zeit zeigen. Im neuen Museumskomplex ist für Sonderschauen ein eigenes Gebäude reserviert.

Das Museum fügt sich in einen Skulpturenpark ein, der direkt am Fjord liegt und wie das Gebäude von Renzo Piano geplant worden ist.

Tjuvholmen | Strandpromenaden 2 | Straßenbahn: Aker Brygge, Bus: Bryggetorget | www.afmuseet.no | Di, Mi, Fr 12–17, Do 12–19, Sa, So 11–17 Uhr | Eintritt 100 NOK, Kinder frei

Filmmuseet   🔖 E 6

Hier geht es um Filmgeschichte im Allgemeinen und norwegische im Besonderen. Anhand von Plakaten, Geräten und nicht zuletzt Filmen wird die Entwicklung der bewegten Bilder nachgezeichnet. Besonders interessant sind die Ausstellungen zur Filmzensur in Norwegen und zum norwegischen Animationsfilmer Ivo Caprino.

Sentrum, Kvadraturen | Dronningens gate 16 | Straßenbahn: Kongens gate | www.nfi.no/filmkunnskap/filmmuseet | Mo–Fr 10.30–17, Sa 12–17, So 13–21 Uhr | Eintritt frei

Frammuseet   C 7

Dieses Museum ist den drei großen norwegischen Polarentdeckern Fridtjof Nansen, Roald Amundsen und Otto Sverdrup gewidmet. Hauptattraktion und Namensgeber des Museums ist die »Fram«, das Segelschiff, das Nansen für seine Nordpolexpedition 1892 so konstruieren ließ, dass es unbeschadet im 'Polareis festfrieren konnte. Auch Amundsen nutzte das Schiff bei seiner Südpolexpedition 1911. Der Schoner befindet sich in seinem restaurierten Originalzustand und kann auch von innen besichtigt werden.

Bygdøy | Bygdøynesveien 36 | Bus: Bygdøynes, Mitte März – Mitte Okt. auch per Fähre 91 ab Rathauskai | www.frammuseum.no | Okt.–April tgl. 10–16, Mai, Sept. tgl. 10–17, Juni–Aug. tgl. 9–18 Uhr | Eintritt 80 NOK, Kinder 30 NOK

Geologisk museum   F 5
▶ Naturhistorisk museum, S. 115

Historisk Museum   D 6

In diesem Jugendstilbau unweit der Nationalgalerie sind mehrere Sammlungen der Universität untergebracht:

In seiner Osloer Wohnung verbrachte Norwegens berühmtester Dramatiker, Henrik Ibsen, seine letzten Lebensjahre. Im Haus ist das Ibsenmuseet (▶ S. 111) eingerichtet.

die Altertumssammlung, die Münzsammlung und die ethnografische Sammlung. Besonders faszinierend ist die Altertumssammlung mit Funden von der Eiszeit bis zur Wikingerzeit, darunter einige der besterhaltenen Wikingerhelme – übrigens ohne Hörner. Die ethnografische Abteilung zeigt interessante Gegenstände von Völkern der Polarregionen, aus Afrika sowie aus Ostasien.

Sentrum | Frederiks gate 2 | Straßenbahn: Tullinløkka | www.khm.uio.no/historisk_museum | 15. Sept.– 14. Mai Di–So 11–16, 15. Mai– 14. Sept. Di–So 10– 17 Uhr, Mo geschl. | Eintritt frei

Holocaustsenteret   B 7

Im Mittelpunkt der Ausstellung in der einstigen Residenz des norwegischen NS-Chefs Vidkun Quisling steht der Holocaust aus norwegischer Perspektive. Das Museum beschäftigt sich darüber hinaus auch mit den Themen Genozid und Minderheiten generell.

Bygdøy | Villa Grande, Huk Aveny 56 | Bus: Bygdøhus | www.hlsenteret.no | Mo–Fr 10–16, Sa, So 11–16 Uhr | Eintritt 50 NOK, Kinder 25 NOK

Ibsenmuseet   D 6

Der große norwegische Dramatiker Henrik Ibsen (1828–1906) verbrachte einen Großteil seines schaffensreichen Lebens in Deutschland und Italien. Als er schon weltberühmt und ein nationaler Kulturheros war, zog es ihn aber wieder nach Oslo und seit 1895 lebte er in dieser Wohnung neben dem Schlosspark. Zum 100. Todestag wurde die Wohnung wieder mit den Möbeln des Dichters in einen authentischen Zustand zurückversetzt. Angeschlossen ist eine Dauerausstellung zum Leben Ibsens und zur Wirkung seines Werkes heute.

Sentrum, Ruseløkka | Henrik Ibsens gate 26 | T-bane: Nationaltheatret | www.ibsenmuseet.no | 15. Mai – 14. Sept. tgl. 11–18, 15. Sept.– 14. Mai Fr–Mi 11–16, Do 11–18 Uhr, Führungen zu jeder vollen Stunde | Eintritt 95 NOK, Kinder 25 NOK

Interkulturelt museum   F 6

Im 19. Jh. noch Auswanderungsland, wurde Norwegen im 20. Jh. zum Einwanderungsland. Diese Tatsache gab den Ausschlag, 1999 in einem ehemaligen Polizeirevier ein Museum einzurichten mit dem erklärten Ziel, Verständnis für und Respekt vor kultureller Vielfalt zu fördern. Wechselnde Ausstellungen thematisieren die Immigrationsgeschichte und die damit verbundenen kulturellen Veränderungen der norwegischen Gesellschaft. Auf Vorbestellung werden Führungen in verschiedenen Sprachen angeboten.

Grønland | Tøyenbekken 5 | T-bane: Grønland, Bus 37: Tøyengata | www.oslomuseum.no | Di–So 11–16 Uhr, Mo geschl. | Eintritt frei

Jødisk Museum i Oslo   E 6

In der alten Osloer Synagoge wird seit September 2008 die Geschichte des jüdischen Lebens der Stadt erzählt. Nachdem in der ersten Verfassung Norwegens von 1814 Juden noch der Zutritt zum Reich verboten war, siedelten sich in der zweiten Hälfte des 19. Jh. zahlreiche Juden in Norwegen an, hauptsächlich in Christiania (Oslo) und Trondheim. Seit den 1920er-Jahren gab es ein florierendes jüdisches Kulturleben mit eigener Zeitung in

Oslo, das jedoch nur bis 1942 andauerte, als die meisten Juden unter deutscher Besatzung entweder deportiert wurden oder fliehen konnten.

Sentrum | Calmeyers gate 15 | Bus: Jakob kirke, Calmeyers gate | www.jodiskmuseumoslo.no | Di 10–15, Do 15–19, So 11–16 Uhr | Eintritt 50 NOK, Kinder 40 NOK

Kon-Tiki museet ⬥ C7

Thor Heyerdahl wurde zu Anfang der 1950er-Jahre weltberühmt mit seinem Buch und Dokumentarfilm über die Kon-Tiki-Expedition. Indem er mit »Kon-Tiki«, einem Floß aus Balsaholz, von Südamerika aus Polynesien erreichte, wollte er seine Theorie beweisen, die pazifischen Inseln seien von Osten her besiedelt worden. Im Museum ist neben dem Originalfloß aus der besagten Expedition und vielen anderen Gegenständen von Heyerdahls zahlreichen Forschungsreisen auch das Papyrusboot »Ra II« ausgestellt, mit dem es Heyerdahl 1970 schaffte, von Afrika aus nach Amerika zu segeln. Außerdem finden wechselnde Ausstellungen statt.

Bygdøy | Bygdøynesveien 36 | Bus: Bygdøynes, Mitte März – Mitte Okt. auch per Fähre 91 ab Rathauskai | www.kon-tiki.no | Nov.–Feb. tgl. 10–16 Uhr, März–Mai, Sept.–Okt. tgl. 10–17 Uhr, Juni–Aug. 9.30–18 Uhr | Eintritt 90 NOK, Kinder 40 NOK

Kunstindustrimuseet ⬥ E5/6

Eine umfassende, beinahe eklektisch zu nennende Sammlung von Produkten aus 2500 Jahren Kunsthandwerk. Der Bogen spannt sich von griechischen Vasen über ostasiatische Kunst-

gegenstände, Norwegens schönste Sammlung historischer Wandteppiche, norwegische Glas-, Silber- und Fayencearbeiten aus dem 18. Jh. und königliche Roben und Trachten bis hin zu modernistischem skandinavischen Design des 20. Jh.

Sentrum | St. Olavs gate 1 | Bus: Nordahl Bruns gate | www.nasjonalmuseet.no | Di, Mi, Fr 11–17, Do 11–19, Sa, So 12–16 Uhr | Eintritt frei

Munch museet ⭐ ⬥ F6

Der Maler und Wegbereiter des Expressionismus Edvard Munch (1863–1944) verbrachte den Großteil seines Lebens in Oslo. Seinen Nachlass, der aus Tausenden Gemälden, Zeichnungen und Grafiken besteht, vermachte er der Stadt Oslo, die seit 1963 einen Teil davon hier ausstellt.

Neben den ständigen Ausstellungen von Werken Munchs, die teils chronologisch, teils thematisch angeordnet sind, finden pro Jahr mehrere Sonderausstellungen aus dem reichen Fundus des Museums statt, die sich einem bestimmten Aspekt im Werk des Künstlers widmen und die Vielseitigkeit seines Schaffens zeigen. Außerdem gibt es eine biografische Dokumentarausstellung zu Munch.

2008 beschloss der Stadtrat von Oslo den Umzug des Munch-Museums. Ab 2018 soll es zusammen mit dem Stenersenmuseum (▶ S.118) und dem Opernhaus in das neue Kulturviertel an der Bjørvika eingehen.

Tøyen | Tøyengata 53 | Bus: Munchmuseet | www.munch.museum.no | 15. Juni – 30. Sept. tgl. 10–17 Uhr, Okt.–14. Juni Mi–Mo 11–17 Uhr, Di geschl. | Eintritt 95 NOK, Kinder frei

Die Sammlung der Nationalgalerie (▶ MERIAN TopTen, S. 113) wurden 1837 begründet. Anfangs standen vor allem Werke der Nationalromantik im Mittelpunkt.

Museet for samtidskunst (Museum für zeitgenössische Kunst) ✈ E 6

Das Gegenstück zur Nasjonalgalleriet. In dem 1990 eröffneten Haus werden Bestände des Nasjonalmuseet, die nach 1945 entstanden sind, gezeigt.

Sentrum, Kvadraturen | Bankplassen 4 | Straßenbahn: Christiania torv, Bus: Bankplassen | www.nasjonalmuseet.no | Di, Mi, Fr 11–17, Do 11–19, Sa, So 12–17 Uhr, Mo geschl. | Eintritt frei

Nasjonalgalleriet 🟠 ✈ E 6

Zur Stärkung des Nationalbewusstseins beschloss das Parlament im Jahr

1836 die Gründung eines Museums für norwegische Kunst. 1842 wurde ein solches Museum (noch unter anderem Namen) eröffnet und seit 1882 befindet es sich am gegenwärtigen Ort. Hier kann man die Entwicklung der norwegischen bildenden Kunst seit der Mitte des 19. Jh. nachvollziehen.

Die bestimmende Kunstrichtung war zunächst die Nationalromantik und nicht von ungefähr ist die Sammlung der Nationalgalerie gerade auf diesem Gebiet besonders umfangreich. Dazu gehören Gemälde wie das Gemeinschaftswerk »Brudeferd i Hardanger«

Einen lebendigen Eindruck vom Leben in Norwegen einst und auch vor nicht allzu langer Zeit bietet das Norsk Folkemuseum (▶ MERIAN TopTen, S. 115) auf Bygdøy.

von Adolph Tidemand und Hans Gude, ein Schlüsselwerk der norwegischen Kunst, oder das fast ebenso berühmte »Fra Stalheim« von J. C. Dahl. Weitere prominente Künstler, deren Werke in der Ausstellung präsentiert werden, sind etwa Harriet Backer mit ihren realistischen, fast impressionistischen Interieurs, der Naturalist Christian Krohg, der das Bohème-Oslo mit Künstlern und Prostituierten porträtierte, und nicht zuletzt Edvard Munch, der auch hier (neben dem Munch museet) mit einigen seiner bedeutendsten Werke vertreten ist, darunter mit je einer Version des »Schrei« und der »Madonna« (▶ S. 92).

Die Sammlung der Nationalgalerie beinhaltet nur Werke bis 1945, jüngere sind seit 1990 im Museet for samtidskunst (▶ S. 113) ausgestellt.

Auch einige Arbeiten norwegischer Bildhauer sind hier zu bewundern, natürlich auch des unvermeidlichen Gustav Vigeland.

Die Nationalgalerie wurde 2003 mit dem Museet for samtidskunst, dem Kunstindustrimuseet und dem Nasjonalmuseet – Arkitektur zum Nasjonalmuseet zusammengefasst.

Sentrum | Universitetsgata 13 | Straßenbahn: Tullinløkka | www.nasjonalmuseet.no | Di, Mi, Fr 10–18, Do 10–19, Sa, So 10–17 Uhr, Mo geschl. | Eintritt frei

Nasjonalmuseet – Arkitektur ✒ E 6

Das ehemals eigenständige Arkitekturmuseet wurde 2003 zusammen mit anderen Museen dem Nationalmuseum einverleibt. Das Museum besteht im Kern aus einem Gebäude aus dem Jahr 1830, das von Christian Heinrich

Grosch, dem »Vater der norwegischen Architektur«, entworfen wurde. Eine Erweiterung erfuhr das Haus durch einen Ausstellungspavillon, den der wohl namhafteste norwegische Architekt des 20. Jh., Sverre Fehn, gestaltet hat. Aus seiner immensen Sammlung von Plänen, Zeichnungen, Fotografien, Modellen und Dokumenten konzipiert das Architekturmuseum wechselnde Ausstellungen.

Sentrum, Kvadraturen | Bankplassen 3 | Straßenbahn: Christiania torv, Bus: Bankplassen | www.nasjonalmuseet.no | Di, Mi, Fr 11–17, Do 11–19, Sa, So 12–17 Uhr, Mo geschl. | Eintritt frei

Naturhistorisk museum F 5

Hinter diesem Oberbegriff verbergen sich eigentlich gleich mehrere Museen, die alle im Botanisk hage (▶ S. 86) angesiedelt sind: Zoologisk museum, Geologisk museum sowie die Gewächshäuser des Botanischen Gartens.

Im **Zoologischen Museum** werden in den drei Hauptabteilungen die norwegische Fauna in schönen Dioramen, dann Tiere, aus aller Welt sowie heimische Tiere, nach systematischer Klassifikation geordnet, gezeigt.

Das **Geologische Museum** unterrichtet in üblicher Manier über die geologische Geschichte des Landes und verschiedenen Gesteinsarten; besonders interessant dürfte für die meisten Besucher aber die Fossiliensammlung im »Paläontologischen sal« in der zweiten Etage inklusive einiger Dinosaurierskelette sein.

Tøyen | Sars' gate/Monrads gate | T-bane: Tøyen, Straßenbahn: Lakkegata skole | www.nhm.uio.no | Di–So 11–16 Uhr | Eintritt 50 NOK, Kinder 25 NOK

Nobels Fredssenter D 6

Das Friedenszentrum stellt seit 2005 auf innovative Weise mithilfe verschiedener Medien viele Aspekte des Friedensnobelpreises vor.

Das Museum ist in verschiedenartige Ausstellungsräume unterteilt. So gibt es einen »Nobel-Garten«, in dem die Preisträger präsentiert werden, die »Nobelkammer«, in der es um das Leben Alfred Nobels geht, und einen »Weltraum« mit lehrreichen Interaktionsmöglichkeiten für Kinder und einiges mehr. Außerdem werden wechselnde Ausstellungen gezeigt und auf Besucher wartet überdies ein origineller Museumsshop.

Aker Brygge | Brynjulf Bulls plass 1 | Straßenbahn: Aker Brygge | www. nobelsfredssenter.no | tgl. 10–18 Uhr | Eintritt 90 NOK, Kinder frei

Norges Hjemmefrontmuseum D/E 7

Im Heimatfrontmuseum auf der Festung Akershus wird die Geschichte der deutschen Besatzung (1940–1945) und des zivilen und militärischen Widerstands dokumentiert.

Sentrum, Kvadraturen | Bygning 21, Akershus festning | Straßenbahn: Christiania torv | www.nhm.mil.no | Juni– Aug. Mo–Sa 10–17, So 11–17 Uhr, Sept.– Mai Mo–Fr 10–16, Sa, So 11–16 Uhr | Eintritt 50 NOK, Kinder 25 NOK

Norsk Folkemuseum 9 B 7

Gewissermaßen ein gigantisches Heimatmuseum ist das Volksmuseum, eines der ältesten und größten Freilichtmuseen der Welt. Auf seinem Freigelände sind, nach Regionen geordnet, über 150 historische Gebäude aus den verschiedenen Landesteilen versammelt. Das älteste Gebäude ist die Stabkirche von Gol (ca. 1200), die der damalige schwedische König Oscar II. vor dem Abriss rettete und dessen Inneneinrichtung praktisch original erhalten ist.

Die Bauernhöfe aus ganz Norwegen bilden den größeren Teil der Anlage. Schon relativ früh begann man aber auch, vom Konzept des reinen Bauernhofmuseums abzuweichen und auch städtische und neuere Gebäude einzubeziehen. So findet sich hier eine »Altstadt« mit Gebäuden, wie sie nach dem Stadtbrand 1624 errichtet wurden, aber auch Bauten aus dem 19. und 20. Jh., etwa eine Tankstelle von 1928, ein alter Kolonialwarenladen oder ein Mietshaus aus dem Jahr 1865, das 1999 abgerissen und im Norsk Folkemuseum wieder aufgebaut wurde. Darin sind Wohnungen im Stil verschiedener Epochen eingerichtet, beispielsweise die einer bürgerlichen Familie im 19. Jh., einer alleinstehenden Frau im Jahre 1935 oder einer pakistanischen Immigrantenfamilie im Jahre 2000.

Neben dem Freilichtareal besitzt das Museum umfangreiche Sammlungen von Gegenständen aus dem volkskundlichen Bereich, Möbel, Instrumente, eine große Trachtensammlung etc., die in verschiedenen Ausstellungen in den Museumsgebäuden zu betrachten sind. Auch hier wird das Augenmerk verstärkt auf das 20. Jh. gerichtet.

In den Sommermonaten wartet das Museum mit zahlreichen Aktionen auf, bei denen die Gebäude durch Personen in historischen Kostümen mit Leben gefüllt werden und etwas vom Leben in vergangenen Zeiten spürbar wird.

Auch für Kinder wird im Folkemuseum viel geboten.

Bygdøy | Museumsveien 10 | Bus: Folkemuseet, Mitte März – Mitte Okt. auch per Fähre 91 ab Rathauskai bis Dronningen | www.norskfolkemuseum.no | 15. Mai – 14. Sept. tgl. 10–18 Uhr, 15. Sept.– 14. Mai Mo–Fr 11–15, Sa, So 11–16 Uhr | Eintritt 110 NOK, Kinder 30 NOK

Norsk Teknisk Museum 🕴   🚩 G1

Technik und Technikgeschichte werden in diesem didaktisch sehr gut strukturierten Museum dargestellt. Industrialisierung, Verkehr, Uhren, Computer und Plastik bilden einige der Schwerpunkte der Ausstellungen. Im Öl- und Wasserkraftland Norwegen dürfen natürlich Themen wie »Gas und Öl« sowie »Energie und Elektrizität« nicht fehlen. Auch das nationale Medizinmuseum und das Telemuseum mit einer interessanten Ausstellung zur Geschichte der Telefonie und Telegrafie sind als Teilausstellungen in das Museum eingebunden. Außerdem gibt es Sonderausstellungen zu Themen wie Technik und Klima.

Bei der innovativen Konzeption des Museums wurde ein Schwerpunkt auf die Wissensvermittlung an Kinder schon auf Grundschulniveau gelegt.

Kjelsås | Kjelsåsveien 143 | Straßenbahn: Kjelsås, Bus: Kjelsås stasjon | www. tekniskmuseum.no | 20. Juni – 20. Aug. tgl. 10–18 Uhr, 21. Aug.– 19. Juni Di–Fr 9–16, Sa, So 11–18 Uhr, während der Schulferien Mo–Fr 10–18, Sa, So 11–18 Uhr | Eintritt 120 NOK, Kinder 60 NOK

Oslo Bymuseum   🚩 C5

1000 Jahre Stadtgeschichte werden hier durch Modelle, Gemälde, Fotografien und Installationen erfahrbar gemacht. Zusätzlich beleuchten Sonderausstellungen einzelne Aspekte der Stadtgeschichte. Besonders reizvoll sind sechs Küchen aus dem Zeitraum 1200 bis 1950.

Dem Museum angeschlossen ist das Theatermuseum.

Frogner | Frognerveien 67 | Straßenbahn, Bus: Frogner plass | www.oslo bymuseum.no | Di–So 11–16 Uhr | Eintritt frei

Skimuseet 👫

A1

Welch besseren Platz gäbe es für ein Skimuseum als den **Holmenkollen** 🔟, die älteste Skisprungschanze der Welt, die gewissermaßen auch die Wiege des modernen Skisports ist?

Das Museum, das sich neben der Sprungschanze im Hügel befindet, zeigt die Entwicklung des Skis von den ersten, 4000 Jahren alten Steinzeichnungen von Skiläufern über das Mittelalter bis zum Skilauf als Massenphänomen und Leistungssport. Auch das enge Verhältnis des Königshauses zum Skisport wird thematisiert, ebenso die Olympischen Winterspiele in Norwegen 1952 und 1994 sowie die Geschichte des Holmenkollen.

Auf Skiern wurden auch große Teile der Expeditionen norwegischer Polarentdecker durchgeführt, zu erfahren in den Polarausstellungen; vorgestellt werden anhand von historischen und modernen Gegenständen, Kleidungsstücken und nicht zuletzt Skiern die Polfahrten von Fridtjof Nansen, Roald Amundsen und Børge Ousland.

Holmenkollen | Kongeveien 5 | T-bane: Holmenkollen | www.holmenkollen.

Über die Fortbewegung auf Schneeschuhen vor 4000 Jahren bis zum modernen Leistungssport erfährt man alles im Skimuseum (▶ S. 117).

com/Skimuseet | Juni–Aug. tgl.
9–20 Uhr, Mai, Sept. tgl. 10–17 Uhr, Okt.–
April tgl. 10–16 Uhr | Eintritt (Museum &
Sprungschanze) 120 NOK, Kinder 60 NOK

Skøytemuseet ⬥ C 5

Wer die Begeisterung der Norweger für
den Wintersport kennt, wundert sich
nicht, dass es hier neben dem Skisport
auch für den Eisschnelllauf ein Museum gibt. Hier erfährt der Besucher
alles über Schlittschuhe und (besonders in Norwegen und in Fachkreisen)
berühmte Athleten.

Frogner | Frogner stadion, Middelthuns
gate 26 | Straßenbahn: Frogner sta-
dion | www.skoytemuseet.no | Di, Do,
So 10–14 Uhr | Eintritt 20 NOK, Kinder
10 NOK

Stenersenmuseet ⬥ D 6

Gleich drei größere Sammlungen norwegischer Kunst sind in diesem städ-
tischen Museum untergebracht, das
1994 eröffnet wurde. Sie umspannen
den Zeitraum zwischen 1850 und 1970.
Es handelt sich um die Nachlässe der
Osloer Maler **Amaldus Nielsen** (1838–
1932), eines Landschaftsmalers und in
manchem Vorläufer des Impressionis-
mus, und **Ludvig O. Ravensberg** (1871–
1958), dessen Werk hauptsächlich um
die Städte Oslo und Rom kreist. Die
Nachkommen der Künstler haben
diese der Stadt überlassen. Die dritte
Sammlung ist eine Gabe des Finan-
ziers, Schriftstellers und Sammlers
Rolf E. Stenersen (1899–1978). Stener-
sens Interesse galt hauptsächlich dem
Expressionismus und Surrealismus;
er war mit Edvard Munch befreundet
und besaß die größte private Sammlung munchscher Grafik.

Von allen drei Sammlungen wird in
wechselnden Ausstellungen immer nur
ein bestimmter Ausschnitt gezeigt, daneben gibt es Werke anderer norwegischer und internationaler Maler zu
sehen. Ein Besuch lädt also zu immer
neuen Entdeckungen ein.

Vika | Munkedamsveien 15 | T-bane:
Nationaltheatret | www.stenersen.
museum.no | Di, Mi, Fr 12–17, Do 12–19,
Sa, So 11–16 Uhr, Anfang Juli – Mitte Aug.
geschl. | Eintritt 60 NOK, Kinder frei,
Di Eintritt frei

Vigelandmuseet ⬥ C 5

Der neoklassizistische Bau, den die
Stadt Oslo in den 1920er-Jahren für
den Bildhauer Gustav Vigeland (1869–
1943) als Wohn- und Atelierhaus errichtete, beherbergt seit seinem Tod
ein Museum. Neben vielen Skulpturen Vigelands sind auch zahlreiche
Entwürfe zu besichtigen, besonders zu
seinem Lebensprojekt, dem nach ihm
benannten Skulpturenpark im nahe
gelegenen **Frognerpark** ⭐ (▶ MERI-
AN TopTen, S. 76). Interessierte können hier den gesamten künstlerischen
Arbeitsprozess Vigelands nachvollziehen. Außerdem werden in diesem
Museum wechselnde Ausstellungen
norwegischer und internationaler Ge-
genwartskunst gezeigt.

Frogner | Nobelsgate 32 | Straßen-
bahn: Frogner plass | www.vigeland.
museum.no | Mai–Aug. Di–So 10–17 Uhr,
Sept.–Mai Di–So 12–16 Uhr, Mo geschl. |
Eintritt 60 NOK, Kinder 30 NOK

Vikingskipshuset ⬥ B 7

Seit Mitte des 19. Jh. sind ein gutes Dut-
zend Schiffe aus der Wikingerzeit in
Skandinavien gefunden worden. Drei

Der Mensch ist das zentrale Thema des Bildhauers Gustav Vigeland. Das Museum in seinem Wohn- und Atelierhaus (▶ S. 118) beleuchtet sein Lebenswerk.

der am besten erhaltenen, die Funde von Oseberg, Gokstad und Tune, sind in diesem eigens für diesen Zweck gebauten Gebäude ausgestellt.

Die Schiffe, die alle auf das 9. Jh. datiert werden, wurden bei der Bestattung lokaler Kleinkönige als standesgemäße Grabbeigabe mit eingegraben und so durch Luftabschluss weitgehend vor dem Zerfall bewahrt.

Am 1904 am Westufer des Oslofjords gefundenen Osebergschiff, dem ältesten erhaltenen Boot aus der Wikingerzeit, sind sogar noch die kunstvollen Schnitzereien am Kiel erkennbar. Der markante Vordersteven des Schiffs, der zum Teil restauriert ist, ziert übrigens die norwegische 20-Kronen-Münze. Außerdem können noch andere archäologische Funde und Grabbeigaben besichtigt werden.

Bygdøy | Huk Aveny 35 | Bus: Bygdøy, Mitte März–Mitte Okt. auch Fähre 91 ab Rathauskai bis Dronningen | www.khm. uio.no/vikingskipshuset | Mai–Sept. tgl. 9–18, Okt.–April tgl. 10–16 Uhr | Eintritt 60 NOK, Kinder 30 NOK

Zoologisk museum   ◢ F 5

▶ Naturhistorisk museum, S. 115

AN DER AKERSELVA – STILLE WINKEL UND WASSERFÄLLE

Ein Spaziergang entlang der Akerselva ist ein erholsamer Bummel im Grünen und mehr. Er beginnt am Norwegischen Technikmuseum, und entlang des Flusslaufs mit zahlreichen Wasserfällen begegnet man immer wieder Zeugen der Industrievergangenheit Oslos. Das Wasser wurde von Fabriken genutzt, die heute auf vielfältige Weise einem postindustriellen modernen Lifestyle Raum bieten. Romantische Winkel, erholsames Grün und angenehme Lokale findet man überall.

◀ Das Denkmal für die Fabrikmädchen (▶ S. 122) an der Akerselva.

START Norsk Teknisk Museum
ENDE Grønlandsleiret
LÄNGE etwa 8 km

Der Spaziergang beginnt am **Norsk Teknisk Museum** (▶ S. 116) auf der linken Seite des Flusses. Dorthin gelangt man entweder mit dem Lokalzug oder den Bussen 22, 25 und 54 bis Kjelsås stasjon. Hier hat der Fluss erst wenige Hundert Meter hinter sich seit seinem Ausfluss aus dem See Maridalsvannet, Oslos Trinkwasserreservoir. Gleich unterhalb des Museumsparkplatzes liegt **Frysja senter** mit Ateliers und Werkstätten für Kunsthandwerk und unmittelbar danach ist der Fluss zu **Brekkedammen** angestaut, beliebt als Bade- und Picknickplatz. Der kleine **Wasserfall** danach ist der erste von insgesamt 20 im Verlauf der Akerselva und trieb mit seiner Kraft jahrhundertelang Mühlen und Sägen an.

Durch die reiche Tier- und Pflanzenwelt

Bleiben Sie noch eine Weile am linken Flussufer und folgen Sie dem teils recht schmalen Weg hinab in Richtung Nydalen. In diesem Bereich ist die Tier- und Pflanzenwelt der Akerselva am reichsten; hier leben rund 70 Vogel- und 15 Säugetierarten, unter anderem vier verschiedene Fledermausarten. Am Steilufer der rechten Flussseite sehen Sie, wenn es noch nicht allzu dicht belaubt ist, die Reste der alten Skisprungschanze »**Nydalsbakken**«. Wenige Hundert Meter später erweitert sich der Fluss zu

Nydalsdammen. Am Gjerdrums vei überqueren Sie den Fluss und erreichen die ehemalige Textilfabrik **Nydalen Compagnie**, einst der größte Industriebetrieb des Landes. In den mächtigen Gebäuden befinden sich heute Büros und in der Gegend haben sich viele Medienunternehmen niedergelassen. Gehen Sie unter der breiten Straßenbrücke Nydalsbrua hindurch, weiter am Fluss entlang, der bald darauf für ein kurzes Stück unter der Erde verschwinden wird. Weiter geht es einige Hundert Meter dem Nydalsveien entlang, bis linker Hand das Ufer wieder grün wird und sich der Weg am Fluss fortsetzt.

Sägen und Ziegeleien

Nachdem Sie Kristoffer Aamots vei unterquert haben, beginnt der Stadtteil **Bjølsen** und damit wieder ein ruhigerer Teil des Flusslaufes, in dem bald drei Inselchen auftauchen. Dann macht der Fluss eine scharfe Biegung nach links, rechts sehen Sie hier ein gelbes Holzhäuschen, das ehemalige **Wasserwächterhäuschen**. Schon in den 1860ern war das Wasser der Akerselva durch die Industrie stark verschmutzt, sodass man Trinkwasser direkt aus dem Maridalsvannet entnehmen und dafür hier ein Druckausgleichsreservoir anlegen musste; in dem Häuschen, das heute ein Kindergarten ist, wohnte der Techniker. Setzen Sie hier den Weg geradeaus fort, gehen Sie dann durch die Unterführung unter der Treschows gate wieder zur Akerselva hinunter. Auf dem nächsten Kilometer spazieren Sie an dem fast durchgehenden Grünstreifen entlang und gelangen zum Stadtteil **Sagene** (»Sägen«). Hier wurde die Wasserkraft schon vor Jahrhunderten nutzbar gemacht; die vielen Sägewerke, die es einst hier gab, haben dem Stadtteil ihren Namen gegeben. Nach einer Weile sehen Sie zur Rechten eine große Wiese, genannt **Myraløkka**. Heute ist das ein beliebter Badeplatz. Früher wurde hier viele Jahrzehnte lang Lehm zur Ziegelherstellung abgebaut, denn auch mehrere Ziegeleien gab es hier. Die weißen, ziemlich englisch anmutenden Reihenhäuser rechts und oberhalb von Myraløkka wurden 1914 als Wohnungen für die Arbeiter der Maschinenfabrik Myrens Verksted gebaut, die genau gegenüber auf der anderen Flussseite liegt und heute vom staatlichen Sender NRK genutzt wird.

Weberei am Wasserfall

An der kleinen Brücke direkt vor der Marcus Thranes gate wechseln Sie wieder das Flussufer. Hier begegnet man abermals Wasserfällen und Industriedenkmälern. Das gelbe, etwas geduckt aussehende Gebäude zur rechten Hand ist aus dem Jahr 1736 und damit Norwegens ältestes erhaltenes Industriegebäude. In **Glads Mølle**, so sein Name, befand sich eine Papiermühle, heute ist es eine Druckerei.

Ein kurzes Stück weiter erreichen Sie eine Fußgängerbrücke, die **Beierbrua**. Sie war früher wichtig als Verbindung zwischen den Wohnquartalen auf der Ostseite und den Spinnereien und Webereien am Westufer der Akerselva. Oberhab der Brücke lag die Weberei Hjula, unterhalb die Weberei Vøyens Bomuldsspinderi. Die Abwässer aus der Färberei verliehen hier dem Wasser einst alle möglichen Farben, sogar die

Ratten sollen grün oder blau gewesen sein. Beide Fabriken mussten in den 1950ern schließen. Die Arbeit in den Textilfabriken war Frauenarbeit. Ab der Konfirmation mussten die Mädchen in der Fabrik Geld verdienen; den **Fabrikmädchen** hat man auf der Beierbrua ein Denkmal gesetzt.

Nach wenigen Hundert Metern ist man an der Brücke **Sannerbrua** und damit in Grünerløkka angelangt. Gehen Sie die Sannergata bis zum Markveien, dem Sie Richtung Süden bis zur Helgesens gate folgen. Bald kommt man an der **Paulus kirke** vorbei und bewegt sich ins Herz von Grünerløkka.

In Grünerløkka

Hier bietet sich natürlich auch Gelegenheit zu einem Einkaufsbummel in den vielen individuellen Shops und Boutiquen. An der Helgesens gate wieder rechts Richtung Fluss abbiegen, dann links in die Marselis gate, die nach einem Block in den Grünerhagen park mündet. Wer jetzt gerade Lust auf einen Kaffee hat, ist nur ein paar Schritte auf der Grüners gate vom Café Tim Wendelboe entfernt, wo Oslos bester Espresso serviert wird. Der Betonblock, der rechts von Ihnen aufragt, wurde 1953 als Kornsilo für eine hier ansässige Mühle errichtet, vor einigen Jahren aber in ein Studentenwohnheim umgewandelt.

Grünerhagen park war einmal der private Garten der Kaufmannsfamilie Grüner, die auch dem Stadtteil Grünerløkka seinen Namen gab. Vom englischen Landschaftsgarten, in dem Pfauen herumstolzierten, ist leider nichts mehr übrig; heute wird der Park von Sportanlagen dominiert. Dem

Park gegenüber befindet sich am Westufer die ehemalige **Gießerei Vulkan**, die heute eine Reihe Lokale und die **Markthalle Mathallen** (▶ S. 91) beherbergt. Zu ihr gelangt man über die neue Fußgängerbrücke.

Den Park durchqueren Sie in Richtung Süden in gerader Linie, die Sie auch in die Nedre gate fortsetzen und schließlich über die Brücke oberhalb des **Norsk Design- og Arkitektursenter (DogA)**, einer ehemaligen Trafostation. Dann gehen Sie an der **Jakob kulturkirke** neben dem DogA vorbei und wechseln bei der nächsten Brücke, Ankerbrua, zum letzten Mal die Flussseite.

Nach Grønland

Hier entlang gehen Sie den Rest des Weges bis nach Grønland, wo die Akerselva dann auch bald unter der Erde verschwindet. Gleich in der Nähe liegt die T-bane-Stasjon Grønland, aber auch **Grønlandsleiret**, eine der Hauptstraßen von Grønland mit vielen exotischen Läden.

Hier endet unser Spaziergang, aber sicher noch nicht die Entdeckungstour durch das bunte Stadtviertel.

Ein Bad im Fluss   10

Im Sommer kommt es in Oslo durchaus vor, dass eine Abkühlung sehr willkommen ist. Folgen wir dafür dem Fluss Akerselva, der am Oberlauf, wenige Gehminuten vom Norsk Teknisk Museum, zu einem kleinen Badesee aufgestaut ist. Am Ufer lässt sich gut picknicken (▶ S. 15).

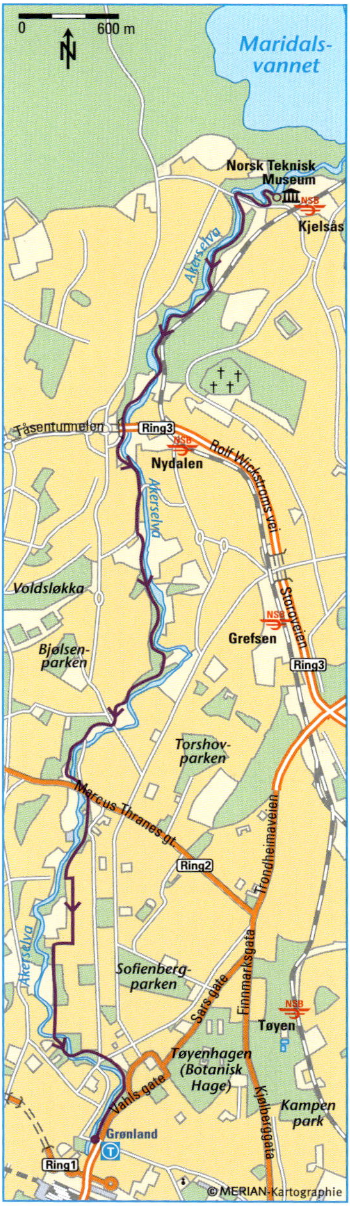

Die berühmte Skisprungschanze am Holmenkollen (▶ MERIAN TopTen, S. 128).

DAS UMLAND
ERKUNDEN

BYGDØY – OSLOS MUSEUMSINSEL

CHARAKTERISTIK: Museen, Villen, Strände und Natur kennzeichnen die Halbinsel Bygdøy **ANFAHRT:** Bus 30 von Jernbanetorget oder Nationaltheatret, im Sommerhalbjahr (April–Sept.) auch mit Fähre 91 von Rådhusbrygge 3 (Ruter-Fahrkarten und Oslo Pass gelten hier nicht) **DAUER:** Halb-/Ganztagesausflug **EINKEHRTIPP:**

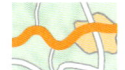 Café Rodeløkken; Tel. 22 43 72 28; Mai–Sept. tgl. 11–18 Uhr, Okt.–April So 11–17 Uhr

C 7

Ein idealer Startpunkt für diesen Ausflug ist die Landspitze von Bygdøy. Hierher gelangt man mit dem Bus 30 und im Sommer auch mit dem Boot 91 von der Rådhusbrygge.

Frammuseet ▶ Norsk Folkemuseum
Am Anfang des Spaziergangs liegen rechts das **Kon-Tiki museet** und links am Ufer des Oslofjords das **Frammuseet**. Beide Museen legen Zeugnis vom norwegischen Pioniergeist und seemännischen Geschick ab. Alle der zahlreichen Sehenswürdigkeiten Bygdøys kann man von hier zu Fuß bequem in einer halben Stunde erreichen. Am nächsten gelegen sind Vikingskipshuset und das große Freilichtmuseum Norsk Folkemuseum. Um dorthin zu gelangen, folgt man zunächst dem Verlauf von Bygdøynesveien für mehrere Hundert Meter, vorbei an stattlichen Einfamilienhäusern und Villen. Wenn man dann rechts in Langviksveien einbiegt, kommt man nach fünf Minuten zum kreuzförmigen Gebäude des spektakulären **Vikingskipshuset**, dem Wikingerschiff-Museum mit dem Gokstad- und dem Osebergschiff und noch vielen anderen Schätzen. Nach weiteren fünf Gehminuten erreicht man den Hauptein-

gang des **Norsk Folkemuseum** ⭐. Falls man sich entschließt, das weitläufige Gelände und die umfangreichen Sammlungen zu besichtigen, wird aus einer Insel-Stippvisite schnell ein Ganztagesausflug.

Die letzte Hauptsehenswürdigkeit von Bygdøy ist das neugotische **Lustschloss Oscarshall**. Dorthin gelangt man wiederum in nur wenigen Minuten auf einem Fußweg, der gleich nach dem Parkplatz gegenüber dem Eingang des Folkemuseums von der Straße abzweigt. Er verläuft ca. 300 m zwischen Wald rechts und Wiese links und führt zu Oscarshallveien, der Zufahrtsstraße des Schlösschens.

Oscarshall ▶ Kongeskogen
Wer nach der Schlossbesichtigung noch Lust auf eine kleine Rundwanderung durch die ehemaligen königlichen Ländereien hat, sollte auf Oscarshallveien bis zur Kreuzung mit dem Feldweg zurückgehen, aber nicht links zurück zum Folkemuseum, sondern rechts in Richtung des idyllisch gelegenen **Café Rodeløkken** gehen, das nach ca. 500 m erreicht ist. Auf dessen Terrasse kann man den Blick über die Bucht Frognerkilen mit ihren Boothäfen genießen.

Über Dronning Blancas vei, der »Hauptstraße« in Richtung Bygdøy und Bygdøyveien, kommt man zu einer Straßengabelung, an der rechts Christian Frederiks vei abzweigt. Links von dieser Straße liegt der **Bygdø Kongsgard**. Er ist das Hauptgebäude eines 200 ha großen Gutes, das sich schon seit dem 14. Jh. in königlichem Besitz befindet und zu dem die meisten umliegenden Ländereien gehörten. Seit 2004 verfügt der König allerdings nur noch über das Hauptgebäude samt Garten. Folgt man dem Weg weiter, erreicht man nach einem halben Kilometer wieder ein Waldgebiet, den **Kongeskogen** (Königswald).

Kongeskogen ▶ Huk

Hat man den Wald erreicht, macht der Weg eine scharfe Rechtskurve. Auf der linken Seite der Straße gelangt man bald zu einem kleinen Parkplatz, sofort nach diesem führt links ein Weg hinunter zum Strand. Folgt man ab jetzt immer der Strandlinie, passiert man nach ca. einem Kilometer den populären **Badestrand Paradisbukta** und erreicht schließlich die Bushaltestelle Huk, den Endpunkt der Linie 30. Von hier aus kann man mit dem Bus in die Stadt zurückfahren oder man erfrischt sich noch am beliebten Badeplatz Hukodden, nur 300 m von hier.

INFORMATIONEN
Oscarshall slott ▶ S. 77

MUSEEN UND GALERIEN
Frammuseet ▶ S. 110
Kon-Tiki museet ▶ S. 112
Norsk Folkemuseum ▶ S. 115
Vikingskipshuset ▶ S. 118

Auf der Halbinsel Bygdøy erwarten die Besucher sehr sehenswerte Museen, etwa das Frammuseet (▶ S. 126), das den norwegischen Polarforschern gewidmet ist.

AM HOLMENKOLLEN ⭐ – HEIMAT DES SKISPORTS UND WANDERREVIER

CHARAKTERISTIK: Am Holmenkollen gibt es noch mehr zu entdecken als die berühmte Sprungschanze **ANFAHRT:** T-bane bis Holmenkollen, ca. 30 Min. ab Jernbanetorget; mit dem Auto auf Ring 3 Richtung Smestad, ab Smestadkrysset der Beschilderung »Holmenkollen« folgen **DAUER:** Halbtagesausflug **EINKEHR-TIPP:** Kafé Seterstua, Frognerseteren, Mo–Sa 11–22, So 11–21 Uhr **AUSKUNFT:** www.holmenkollen.com

»Holmenkollen« ist zunächst nur der Name eines Hügels am Rande Oslos, aber auch eines Stadtteils mit noblen Villen. Weltweit bekannt ist er aber als Kurzform von »Holmenkollbakken«, wie die berühmte Sprungschanze richtig heißt. Auf dem Holmenkollen gibt es noch viel zu entdecken, auch wenn die Hauptattraktion der Skisport ist.

Die traditionsreiche **Sprungschanze**, erreicht man, von der T-bane kommend, indem man zunächst dem Holmenkollveien folgt und dann in den geschwungenen Kongeveien einbiegt, der am Hotel vorbeiführt. Schon seit 1892 werden hier Wettkämpfe durchgeführt; eine permanente Schanze wurde aber erst 1914 errichtet und seither viele Male um- und neu gebaut, zuletzt 2010 für die nordische Ski-WM 2011. Die neue Schanze wird von einer atemberaubenden Aussichtsplattform gekrönt. Im Felsen unter der Schanze liegt heute das **Skimuseet** (▶ S. 117), von dem man auch zur Aussichtsplattform auf der Schanze gelangt. Wenn man das Skimuseum verlässt und auf dem Kongeveien im Uhrzeigersinn um die Langlaufarena mit Biathlon-Schießstand herumgeht, kommt man an der Statue von **König Olav V.** vorbei. Der Vater des heutigen Monarchen war ein begeisterter Skisportler, der als Kronprinz auch am Skifestival am Holmenkollen teilnahm. Unvergessen ist in Norwegen, wie er während der Ölkrise 1973 mit der Straßenbahn zum Langlaufen fuhr.

Holmenkollen kapell ▶ Frognerseteren

Nach einigen weiteren Schritten erreicht man den Parkplatz der **Holmenkollen kapell**. Die Kapelle, die ursprünglich hier stand, war 1903 erbaut worden und wurde 1992 das Opfer einer Welle von Kirchenbränden, die auf Brandstiftung durch Satanisten zurückging. Bis 1996 wurde sie in einer noch etwas mehr dem Drachenstil angenäherten Form wieder aufgebaut. Hier feiert die Königsfamilie immer den Gottesdienst, besonders zur Weihnachtszeit, wenn sie in ihrer nahe gelegenen Residenz Kongsseteren weilt.

Auf der gegenüberliegenden Seite des Holmenkollveien liegt ein weiterer Parkplatz, von dem ein Wanderweg, im Winter eine Loipe, Richtung Norden abgeht und parallel zur Straße verläuft. Wenn man ihm etwa zwei Kilometer folgt, gelangt man zum Frognerseteren (▶ S. 76). Von hier kann man entweder mit der T-bane in die Stadt zurückfahren, zum Holmenkollen zurückwandern oder eine Tour in der Nordmarka unternehmen.

Korketrekkeren

Ein großer Spaß im Winter ist eine Abfahrt auf Oslos längster Rodelbahn, dem Korketrekkeren (deutsch: Korkenzieher – der Name verrät einiges über den Streckenverlauf). Mit dem (geliehenen) Schlitten saust man in Windeseile die zwei Kilometer lange Strecke hinab zur Station Midtstuen und fährt mit der T-bane wieder hinauf. Danach kann man sich im Kafe Seterstna bei Kaffee oder heißer Schokolade aufwärmen (▶ S. 15).

INFORMATIONEN

Hopptårnet (Sprungschanze) und Skimuseet

Juni–Aug. tgl. 9–20 Uhr, Mai, Sept. 10–17 Uhr, Okt.–April tgl. 10–16 Uhr | Eintritt 120 NOK, Kinder 60 NOK

Wollen Sie's wagen?

Beim »Kollensvevet« können Sie selbst ausprobieren, wie es sich anfühlt, die Schanze hinabzurasen. Der einzige Unterschied: Sie hängen dabei sicher an einem Drahtseil.

Mai, Juni Sa, So 12–17 Uhr, Juli–Mitte Aug. Mo–Fr 11–17 Uhr, Sa, So 12–17 Uhr, Mitte Aug.– Sept. Sa, So 12–17 Uhr, Okt. 12–16 Uhr | Eintritt 590 NOK (+ Skimuseet 120 NOK)

Der Holmenkollen (▶ MERIAN TopTen, S. 128) ist mehr als ein Wintersportgebiet. In der kleinen Kapelle feiert zuweilen auch die Königsfamilie den Weihnachtsgottesdienst.

BÆRUMS VERK – INDUSTRIEGESCHICHTE UND KUNSTHANDWERK IM GRÜNEN

CHARAKTERISTIK: Inmitten herrlicher Natur liegt etwa 17 km nordwestlich von Oslos Zentrum diese historische Eisenhütte, heute mit Werkstätten und Geschäften eine Heimat von Handwerk und Handel **ANFAHRT:** Bus 143 von Oslo Bussterminalen bis Triangelen, ca. 45 Min.; mit dem Auto auf der E 18 nach Sandvika, dort auf die E 16 Richtung Hønefoss, dann 2. Ausfahrt nach dem Hamangtunnel Richtung Bærums Verk (beschildert) **DAUER:** Tagesausflug **EINKEHRTIPP:** Værtshuset aus dem Jahr 1640, das älteste Wirtshaus Norwegens, Mo–Fr 12–22.30, Sa 13–22.30, So 12–20 Uhr, €€€ **AUSKUNFT:** www.baerumsverk.no

Anfang des 17. Jh. wurden in der Gegend des heutigen Bærum vielversprechende Eisenerzvorkommen gefunden. Der dänische König Christian IV. sah eine Chance, das Königreich Dänemark/Norwegen von der Eiseneinfuhr unabhängig zu machen und erteilte einem Mann namens Paul Smelter (Schmelzer) den Auftrag, eine Eisenhütte zu errichten. Aus dieser und späteren Hütten entstand das größte Eisenwerk der Umgebung, das um 1640 an den jetzigen Standort am Flüsschen Lomma verlegt wurde. Das Werk wuchs im 18. Jh. beträchtlich, besonders während des Großen Nordischen Kriegs 1700–1721, und war zeitweise sogar das größte in Norwegen. 1874 stellte die Eisenhütte die Produktion auf Eisengießerei um und als solche existierte sie weiter bis 1964. In der ehemaligen Gießerei zeigt das **Ovnsmuseet** gusseiserne Öfen von der Barockzeit bis heute.

Das alles wäre für sich genommen schon ein interessantes Stück Industriegeschichte, doch was Bærums Verk die besondere Note verleiht, sind die zahlreichen historischen Gebäude auf dem ehemaligen Werksgelände, heute ein ausgesprochen grüner Bereich.

Verksgata ▶ Skulpturparken

Hier findet man vor allem die Werkswohnungen aus dem 18. Jh. in der **Verksgata**, mit einer Reihe von schmucken hellen Häuschen unterhalb des ehemaligen Werks, daneben das Hauptgebäude von 1764 und nicht zuletzt das **Værtshuset** aus dem Jahr 1640, Norwegens ältestes noch existierendes Restaurant. Das gesamte Areal wurde durch ein geschicktes und übrigens preisgekröntes Nutzungskonzept bewahrt, ohne museal zu wirken. So wurde in den ehemaligen Werkshallen ein Einkaufszentrum mit eher konventionellen Geschäften eingerichtet. Oberhalb des Werks wurden 1985 am **Elvegangen** entlang des Flusses mehrere im Stil angepasste Häuser errichtet, die ebenfalls Einkaufsmöglichkeiten und Dienstleistungen für die umliegenden Wohngegenden anbieten, während die historischen Holzhäuser der Verksgata heute kleine Läden, Galerien und Werkstätten beherbergen, in denen auch etwas ausgefallenere Dinge zu finden sind.

Unter den **Werkstätten** finden sich etwa eine Schmiede, eine Glasbläserei, aber auch eine Schokoladenmanufaktur und eine Töpferei.

Der kulinarische Sektor kommt ebenfalls nicht zu kurz, das Angebot reicht vom Pub zum Pfannkuchenhaus, einer Pizzeria und nicht zu vergessen das stimmungsvolle älteste **Wirtshaus** Norwegens. Insgesamt gehören zu Bærums Verk 55 Geschäfte, Werk- und Bewirtungsstätten.

Im Sommer wartet Bærums Verk mit einer weiteren Attraktion auf. Auf dem Gelände wird immer im Juni der **Skulpturparken** eröffnet, in dem norwegische Bildhauer ihre Arbeiten ausstellen. Er ist die gesamte Sommersaison über geöffnet. Darüber hinaus gibt es das ganze Jahr über Märkte, Aktionen und Events, wie z. B. das historische Freilichtspiel, das jedes Jahr im Juni stattfindet.

Speziell an den Adventswochenenden verbreitet Bærums Verk eine besonders anheimelnde vorweihnachtliche Atmosphäre.

INFORMATIONEN

Einkaufszentrum und Elvegangen

Mo–Sa 10–18 Uhr, So geschl.

Verksgata

Mo–Mi, Fr 10–17, Do 10–18, Sa 10–16, So 12–16 Uhr, einige Geschäfte haben abweichende Öffnungszeiten u. a. ist gut die Hälfte der Läden auch montags geöffnet | Eintritt zum Gelände frei

Museum

Verksgata 15 | Tel. 0 67/13 00 18 | Eintritt 30 NOK, Kinder 15 NOK

Bærums Verk (▶ S. 130) war im 17./18. Jh. eine der größten Eisenhütten Norwegens. Heute wird der Ort mit seinen kleinen Geschäften, Werkstätten und Restaurants gern besucht.

DRØBAK – DIE MALERISCHE STADT AM OSLOFJORD

CHARAKTERISTIK: An der engsten Stelle auf der Ostseite des Oslofjords und ca. 40 km südl. von Oslo liegt Drøbak, eine hübsche Kleinstadt mit beliebten Badestränden und einer berühmten Festung **ANFAHRT:** Bus 541 oder Expressbus 542 von Oslo Bussterminalen bis Drøbak torg oder Drøbak brygge; mit dem Auto E 18/E 6 Richtung Göteborg, dann Rv 23 nach Drøbak **DAUER:** Tagesausflug **EINKEHRTIPP:** Skipperstuen, Havnebakken 1, gleich oberhalb des Bootshafens, Freischankfläche mit schöner Aussicht, Mo–Sa 12–22, So 12–19 Uhr **AUSKUNFT:** Drøbak turistinformasjon, Havnegaten 4, 1440 Drøbak, Tel. 64 93 50 87

An der engsten Stelle des Oslofjords, dem Drøbaksund, liegt an seinem steil ansteigenden Ostufer die pittoreske, rund 11 000 Einwohner zählende Kleinstadt Drøbak. Der Drøbaksund teilt den Oslofjord in den Inneren und Äußeren Oslofjord, und weil in früheren Zeiten der Innere Oslofjord im Winter oft vollständig zufror, fungierte Drøbak als Winterhafen für Oslo und mit dem Aufschwung des Seehandels wuchs auch Drøbak.

Heute hat Drøbak vor allem als Touristenziel Bedeutung. Die engen verwinkelten Gassen aus dem 18. und 19. Jh. des historischen Stadtkerns am Hafen mit ihren kleinen bunten Holzhäusern, die einst Fischer, Seeleute und Handwerker erbauten, ziehen Besucher wie Künstler gleichermaßen an und Letztere sorgen für Nachschub in den auffallend zahlreichen Galerien des Städtchens.

Das warme Mikroklima Drøbaks sorgt dafür, dass im Sommer die Badestrände am Oslofjord ebenso voll sind wie die Gassen am Hafen und rund um den Marktplatz. Auch viele Kreuzfahrtschiffe, die auf ihrem Weg nach Oslo den Sund passieren, legen hier oft und gerne an.

Bootshafen, Akvarium

Egal ob man mit dem Bus oder dem Auto in Drøbak ankommt, ein Gang in die **Touristeninformation** am Bootshafen als erste Anlaufstelle ist immer empfehlenswert. Mit dem Bus fährt man dazu einfach bis an die Endhaltestelle Drøbak brygge; von dort sind es nur ein paar Meter in Richtung Bootshafen. Hier erhält man eine informative Karte mit Vorschlägen für Spaziergänge zu den schönsten Winkeln der Stadt.

Auch ohne Stadtplan kann man aber aufs Geratewohl durch die kleinen Gassen bummeln, hübsch ist es überall. Gleich neben der Touristeninformation liegen auch das **Akvarium**, in dem die lokale Meeresfauna vorgestellt wird, und das einzige **Lutefiskmuseum** der Welt. Hier dreht sich alles um eine norwegische Spezialität, die aus Stockfisch zubereitet wird – in der Vorweihnachtszeit ein sehr beliebtes Gericht (▶ Julebord, S. 51). Dass man hier einen besonderen Faible für Weihnachten hat, beweisen das Weihnachtshaus und auch das Weihnachtsmann-Postamt auf dem Markt.

Festung Oscarsborg

Im historischen Bewusstsein der Norweger ist Drøbak aber wegen einer ganz anderen Sache verankert. Auf den kleinen Inseln im Drøbaksund wurde in der Mitte des 19. Jh. aufgrund der strategisch bedeutsamen Lage die **Festung Oscarsborg** errichtet. Von hier ließ in den Morgenstunden des 9. April 1940 der Festungskommandant den deutschen Kreuzer »Blücher« beschießen und versenken. Der Vormarsch der Deutschen wurde dadurch nur kurz, aber entscheidend verzögert, sodass der König und die Regierung Zeit gewannen, Oslo zu verlassen und der Festnahme zu entgehen. Oscarsborg ist heute für die Allgemeinheit geöffnet. Die Festungsinsel ist ganzjährig von Drøbak aus mit der Fähre erreichbar. Wer sein Badezeug mitgebracht hat, kann es sich an einem der **Badestrände Drøbaks** gut gehen lassen, zum Beispiel am Badeparken, der einige Schritte nördlich der nah am Wasser gelegenen **Drøbak kirke** liegt.

INFORMATIONEN

Akvarium
Mo–Fr 10–16, Sa, So 10–18.30 Uhr |
Eintritt 40 NOK, Kinder 20 NOK

Lutefiskmuseum
tgl. 10–16 Uhr | Eintritt 40 NOK, Kinder 20 NOK

Fähre zur Festung Oscarsborg
ganzjährig von Sundbrygga nördlich des Zentrums | Hin- und Rückfahrt 90 NOK, Kinder 50 NOK

Das hübsche Drøbak am Ostufer des Oslofjords ist ein beliebtes Touristenziel. Früher hatte sein Hafen (▶ S. 132) Bedeutung, heute liegen hier vor allem Freizeitboote.

OSLO
ERFASSEN

»She lies«: eine Skulptur vor der neuen Oper
(▶ MERIAN TopTen, S. 66).

AUF EINEN BLICK

*Hier erfahren Sie alles, was Sie über die Hauptstadt
Norwegens wissen müssen – kompakte Informationen über
Land und Leute, von Bevölkerung und Sprache
über Geografie und Politik bis Religion und Wirtschaft.*

BEVÖLKERUNG

Norweger bilden die Mehrzahl der Bewohner Oslos, es gibt jedoch auch einen hohen Anteil an Einwohnern mit Migrationshintergrund, vor allem aus Pakistan, gefolgt von Schweden und Somalia.

LAGE UND GEOGRAFIE

Oslo liegt am nördlichen Ende des Oslofjords. Es ist im Norden und Osten von einem ausgedehnten hügeligen Wald- und Seengürtel umgeben, der auch über die Hälfte des Stadtgebiets einnimmt, auch gehören mehrere Inseln zu diesem. Das Zentrum befindet sich westlich der Mündung der Akerselva. Die Stadt liegt verkehrsgünstig an einem Knotenpunkt, der die See, die Binnengebiete und Schweden verbindet. Das norwegische Straßen- und Schienennetz ist stark auf Oslo ausgerichtet.

Das Klima in Oslo ist geprägt von langen, kalten Wintern mit durchschnittlichen Minustemperaturen von Dezember bis März und relativ warmen und trockenen Sommern.

◄ Denkmal der Königin Maud im Schloss-park (▶ MERIAN TopTen, S. 62).

POLITIK UND VERWALTUNG

Oslo ist Hauptstadt des Königreichs Norwegen, Sitz von Königshaus, Parlament (Storting) und Regierung. Die Stadt fungiert als politisches, wirtschaftliches und kulturelles Zentrum des Landes. Die Kommune Oslo ist gleichzeitig eine der 19 Provinzen (»fylker«) des Landes. Oslo ist unterteilt in 15 Stadtteile sowie die Waldgebiete der Nordmarka und Østmarka.

RELIGION

In Norwegen ist das evangelisch-lutherische Christentum Staatsreligion. Der König und die Hälfte der Regierung müssen sich zu dieser Konfession bekennen. Auch ca. 85 % der Bevölkerung Oslos sind Mitglieder dieser Kirche. Zweitwichtigste Religion ist der Islam mit einem Anteil von 6,5 % der Einwohner, weitere 6 % sind Mitglieder anderer christlicher Kirchen, hauptsächlich der katholischen und der Pfingstbewegung. Oslo ist Sitz eines evangelisch-lutherischen und eines römisch-katholischen Bischofs. Rund 3 % der Bevölkerung sind registrierte Atheisten.

SPRACHE

Obwohl Norwegen nur ca. 5,1 Mio. Einwohner hat, gibt es die norwegische Schriftsprache in zwei Versionen: Bokmål und Nynorsk. Die meisten Zeitungen und Zeitschriften sind in Bokmål geschrieben, Nynorsk hat nur im Westen des Landes eine starke Stellung. In allen Situationen wird in Norwegen Dialekt gesprochen, auch an Schulen oder im Fernsehen. Englisch wird praktisch überall verstanden und gesprochen und ausländische Filme und Fernsehsendungen werden üblicherweise nicht synchronisiert.

WIRTSCHAFT

Oslo ist Verwaltungs- und Wirtschaftszentrum des Landes. Deshalb sind Arbeitnehmer (über 100 000) hauptsächlich im öffentlichen Sektor tätig, ansonsten in der Privatwirtschaft in den Bereichen Handel, Finanzen und Dienstleistung, wobei die IT-Branche und Technologie einen großen Stellenwert haben. Die meisten norwegischen Großunternehmen haben ihren Hauptsitz in Oslo, ebenso die Börse. Die Industrie ist zum Großteil abgewandert und spielt nur noch eine untergeordnete Rolle. Ein nicht unbedeutender Wirtschaftsfaktor ist außerdem der Tourismus mit ca. 8 Mio. Übernachtungen pro Jahr. Auch der Universität Oslo mit rund 30 000 Studenten und 4600 Beschäftigten kommt eine wichtige Bedeutung zu.

AMTSSPRACHE: Norwegisch (Bokmål)
BEVÖLKERUNG: 71,5 % Norweger, 28,5 % Ausländer, v. a. aus Pakistan, Schweden, Somalia und Osteuropa
EINWOHNER: 635 000
FLÄCHE: 454 qkm
INTERNET: www.oslo.kommune.no
RELIGION: 85 % Protestanten, 6,5 % Muslime, 6 % andere christliche Konfessionen
VERWALTUNG: 15 Stadtteile
WÄHRUNG: Norwegische Krone (NOK)

GESCHICHTE

Jahrhundertelang war die Entwicklung der Stadt durch die Fremdherrschaft bestimmt. Erst mit der Unabhängigkeit Norwegens blühte Oslo als Hauptstadt auf und verwandelt sich heute in rasantem Tempo in eine postindustrielle Metropole.

1050 Oslo wird gegründet

In der »Heimskringla«, der Chronik norwegischer Könige, berichtet im 13. Jh. der isländische Dichter und Historiker Snorri Sturluson, dem wir auch die Snorra-Edda verdanken, von der Gründung Oslos um das Jahr 1050 durch den König Harald Hardråde. Tatsächlich muss damals schon eine Siedlung an der Mündung des Alna-Flusses bestanden haben, wie christliche Gräber aus der Zeit um 1000 beweisen. So kommt es, dass Oslo 1950 das 900-jährige, 2000 aber schon das 1000-jährige Jubiläum feierte.

Die fruchtbaren und geschützt liegenden Regionen am Nordende des Oslofjords waren allerdings schon viel länger besiedelt. Auf dem Ekeberg südöstlich des Zentrums finden sich Spuren, die über 8000 Jahre zurückreichen. In der Eisenzeit war praktisch die gesamte Region von Menschen bewohnt, aber erst im 11. Jh. taucht die Stadt aus dem Nebel der Geschichte auf, 1070 wird sie Bischofssitz.

1314 Håkon V. Magnusson macht Oslo zu seiner Hauptstadt

Nach dem Tode ihres Vaters Magnus VI. Lagabøte teilten sich seine Söhne Eirik und Håkon die Macht. Formell war Eirik König, doch Håkon herrschte de facto als Herzog über die östlichen Gebiete von Norwegen und residierte in Oslo. Nach dem Tod Eiriks 1299

Nach der Überlieferung wird Oslo um 1050 von König Harald III. Hardråde gegründet.

Die Pest erreicht Norwegen und wütet besonders stark, ca. die Hälfte der Bevölkerung fällt ihr zum Opfer, darunter ein Großteil der Aristokratie.

1348

1050

1314

König Håkon V. Magnusson macht Oslo zu Norwegens Hauptstadt.

wurde Håkon König von ganz Norwegen und Oslo gewann an Bedeutung. 1314 wurde die Reichskanzlei von Bergen nach Oslo verlegt und Oslo wurde auch formell zum Machtzentrum.

Die Regierungszeit von Håkon V. zeichnete sich durch große Bautätigkeit aus. Oslo hatte damals ca. 2000 bis 3000 Einwohner, die dominierenden (und praktisch die einzigen aus Stein gebauten) Gebäude waren der Königshof, der Bischofssitz und die Kirchen. Die Mittelalterstadt lag unterhalb von Ekeberg, südöstlich des heutigen Zentrums. Håkon ließ auch die erste Festung Akershus anlegen, die 1308 immerhin schon so weit gediehen war, dass sie einem Angriff des schwedischen Herzogs Erik von Södermanland, der die Stadt plünderte, standhielt.

Die Blütezeit Oslos währte allerdings nicht lange. Ab 1348 wütete die Pest auch in Oslo, die Bevölkerungszahl sank drastisch und die Kalmarer Union, die 1397 die drei Königreiche Schweden, Dänemark und Norwegen vereinigte, ließ Oslo nahezu bedeutungslos werden.

1814 Christiania wird wieder Hauptstadt

1814 war ein Jahr großer politischer Umwälzungen in Europa. Diese machten auch vor Skandinavien nicht halt, wo Dänemark-Norwegen als Verbündeter Frankreichs im Konflikt mit Schweden stand, das auf Seiten der Koalition gegen Napoleon kämpfte. Im Kieler Frieden vereinbarte Dänemark, Norwegen im Tausch gegen Pommern und Rügen an Schweden abzugeben. Führende Kräfte in Norwegen witterten die Chance zur Unabhängigkeit und trafen sich im Städtchen Eidsvoll, wo am 17. Mai 1814 eine ständisch-demokratische Verfassung beschlossen wurde. Dieses Datum wird bis heute als norwegischer Nationalfeiertag begangen. Als künftiger König wurde der dänische Prinz Christian Frederik erkoren, der zuvor dänischer Statthalter in Christiania gewesen war. Seine Herrschaft dauerte allerdings nicht lange an. Der junge Staat konnte sich nicht gegen die schwedische Übermacht behaupten. Schon im Oktober verließ Christian Frederik Christiania

1397 Die Kalmarer Union vereinigt die Königreiche von Dänemark, Schweden und Norwegen. Oslo verliert den Status als Hauptstadt.

1624 Nach einem verheerenden Brand wird Oslo an anderer Stelle, bei der Festung Akershus, neu errichtet und »Christiania« genannt.

1537 Dänemark-Norwegen wird reformiert; die dänische Krone zieht die umfangreichen Besitzungen der Kirche ein, Oslo verliert an ökonomischer Bedeutung.

und im November wurde auf Druck Schwedens eine revidierte Fassung der Verfassung beschlossen, die den schwedischen König auch zum König Norwegens machte.

Christiania wurde damit immerhin zur Hauptstadt eines halb souveränen Staates, denn die Innen- und Wirtschaftspolitik konnte Norwegen selbst bestimmen. Allerdings hatte die Stadt nicht gerade die besten Voraussetzungen. Die Einwohnerzahl betrug gerade einmal gut 10 000, die Universität, die erste Norwegens, war erst drei Jahre alt und hatte kein Gebäude. Es gab kein Parlament, kein Schloss, keine Industrie, kein Theater. All das musste erst geschaffen werden, um Oslo zu einer echten Hauptstadt zu machen, und so war das ganze 19. Jh. von großen baulichen Veränderungen geprägt.

1850 Oslo entwickelt sich zu einem echten Zentrum

Oslo hatte zu Anfang des 19. Jh. einen enormen Nachholbedarf, denn während der gesamten Zeit unter dänischer Herrschaft stagnierte das Leben der Stadt. Das alte Oslo des Mittelalters östlich der Akerselva war in der Bedeutungslosigkeit versunken und die 1624 nach dem großen Stadtbrand angelegte Stadt Christiania war durch die Stadtmauern begrenzt. Außerhalb der Mauern Christianias wuchsen unkontrolliert einige Vorstädte, doch erst nach 1814 begann so etwas wie ein planmäßiger Ausbau der Stadt.

Unter anderem wurde nördlich der alten Stadtmauern eine neue Ost-West-Achse angelegt, entlang derer sich nach und nach die zentralen und repräsentativen Gebäude der Stadt ansiedeln sollten, die Karl Johans gate. Sie ist benannt nach dem schwedisch-norwegischen König Karl III. Johan (in der schwedischen Zählung Karl XIV. Johan), der 1825 den Grundstein des Schlosses gelegt hatte. Ursprünglich reichte die Straße nur von der Domkirche zum Egertorget, doch 1840 wurde sie als Prachtboulevard bis zum Schloss verlängert. Am Egertorget, wo der alte und der neue Teil zusammenstoßen, kann man einen leichten Knick in ihrem Verlauf wahrnehmen.

um 1850

Oslo entwickelt sich langsam zu einer repräsentativen Hauptstadt; Schloss, Universität und Parlament werden fertiggestellt.

1814

Norwegen löst sich von Dänemark, Christiania wird Hauptstadt eines nur halb souveränen Norwegen mit dem schwedischen König an der Staatsspitze.

1901

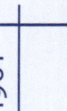

Zum ersten Mal wird der Friedensnobelpreis in Oslo verliehen.

Zu den wichtigen Bauwerken, die in den nächsten Jahren fertiggestellt wurden, zählen das Schloss (1849), die klassizistische Universität (1852) sowie das Parlamentsgebäude Stortinget (1862). Auf ein Nationaltheater musste die Stadt allerdings noch bis 1899 warten.

Die Bautätigkeit dieser Phase war allerdings nicht auf repräsentative Bauten beschränkt. In den 1840ern kam allmählich die Industrialisierung auch in Oslo in Gang; sie konzentrierte sich einerseits an den Flüssen Akerselva und Alna, wo man die Wasserkraft ausnutzte, andererseits auf das Hafengebiet, wo Werften wie etwa »Akers mekaniske verksted«, die heutige Aker Brygge, entstanden. Dadurch wuchs wiederum die Bevölkerung immer schneller, sodass der Bau neuer Wohnquartiere, wie etwa in Grünerløkka notwendig wurde.

1905 Unionsauflösung

Im Laufe des 19. Jh. war es immer wieder zu politischen Konflikten innerhalb der Union mit Schweden gekommen, wobei der Tenor auf schwedischer Seite die Tendenz zu stärkerer Integration, auf der norwegischen die Abgrenzung und weitgehende Autonomie Norwegens war. Das begann schon beim Flaggenstreit und endete noch lange nicht bei der Frage, ob Schweden ein konsularisches Alleinvertretungsrecht haben sollte. Norwegen hatte inzwischen auch ein allgemeines Wahlrecht für Männer und ein parlamentarisches System eingeführt, ein Affront gegen Schweden. Die Situation spitzte sich immer mehr zu, sogar von einem möglichen Krieg war die Rede. Eine Volksabstimmung ergab eine überwältigende Mehrheit für die Loslösung, die von Norwegen einseitig erklärt wurde und von Schweden schließlich akzeptiert werden musste. Mit gut 90-jähriger Verspätung wurde doch noch ein dänischer Prinz norwegischer König, er nahm den Namen Haakon VII. an.

1940 Besetzung Norwegens

Am Morgen des 9. April griffen deutsche Truppen das neutrale Norwegen

Norwegen erringt völlige Unabhängigkeit von Schweden und bekommt mit Haakon VII. wieder einen eigenen König.

Beginn der deutschen Besatzung, König und Regierung fliehen nach England.

1905

1925

1940

Christiania wird in Oslo umbenannt.

an. Oslo war dabei ein vorrangiges Ziel, denn der König und die Regierung sollten frühzeitig festgesetzt werden. Der deutsche Vormarsch wurde jedoch durch die Versenkung des Kreuzers »Blücher« im Oslofjord bei Drøbak kurz, aber entscheidend verzögert, sodass König und Regierung aus Oslo über Schweden nach Großbritannien fliehen konnten. Noch bis Mai leisteten norwegische Truppen vereinzelt Widerstand, ehe ganz Norwegen unter deutscher Besatzung stand. In Oslo wurde eine nazifreundliche Regierung unter Vidkun Quisling installiert.

Norwegen war bis dahin ein deutschlandfreundliches Land. Deutschland war seit jeher kultureller Bezugspunkt gewesen. Norwegische Künstler, Musiker und Literaten studierten in Deutschland und hatten dort teilweise ihre größten Erfolge, die Sprache ist durchsetzt mit deutschen Entlehnungen. Doch durch die Okkupation änderte sich die Einstellung grundlegend. Wo sie konnten, leisteten Norweger Widerstand und einfache Bürger zeigten dafür ihre Solidarität durch kleine Symbole, etwa das Tragen einer Büroklammer am Revers – dies alles wird im Norges Hjemmefrontmuseet (▶ S.115) gezeigt. Die deutsche Kapitulation und damit die Befreiung Norwegens 1945 gilt als einer der wichtigsten Tage in der Geschichte Norwegens.

2011 Anschläge von Oslo und Utøya

Als sich am Nachmittag des 22. Juli direkt im Osloer Regierungsviertel eine verheerende Explosion ereignete, die acht Menschenleben kostete, wurde zunächst wild über die Ursachen spekuliert. Viele waren sich schnell sicher, es könne sich nur um einen islamistischen Anschlag handeln. Umso größer dann der Schock, als noch am selben Abend der Norweger Anders Behring Breivik als Täter festgenommen wurde, leider erst, nachdem er auf der Insel Utøya 69 Menschen ermordet hatte.

Die Tat forderte Norwegens Selbstverständnis als friedliche, tolerante und von Grund auf sozialdemokratische Nation heraus, richtete sich das Atten-

1950

Das Rathaus, neues Wahrzeichen der Stadt, wird zum 900-jährigen Stadtjubiläum eingeweiht.

1952

Oslo richtet die ersten Olympischen Winterspiele in Norwegen aus.

1986

Mit der Eröffnung der Einkaufszentrums Aker Brygge fällt der Startschuss zu einer Stadterneuerung auf der Fjordseite.

tat doch explizit gegen die Politik der Arbeiterpartei, der bestimmenden politischen Kraft der Nachkriegszeit. Vielen Norwegern wurde erst jetzt bewusst, welche Bedeutung fremdenfeindliche und antiislamistische Strömungen in ihrem eigenen Land hatten. Bemerkenswert waren die Reaktionen: Statt von hasserfüllten Rufen nach Vergeltung waren die Tage und Wochen danach von gemeinsamer Trauer und Solidarität geprägt. Oslo war ein Meer von roten Rosen und einige Tage später nahmen über 200 000 Menschen an einem Fackelzug teil. Das Lied »Barn av regnbuen« (Kinder des Regenbogens) des Liedermachers Lillebjørn Nilsen war in aller Munde. Auch der spätere Prozess gegen Breivik zeigte mustergültig, wie der demokratische Rechtsstaat auf Angriffe reagiert: nicht hysterisch und auf Rache sinnend, sondern nüchtern und nach Recht und Gesetz. Viele ausländische Beobachter hatten sich gewundert, dass der Attentäter einfach so einen Lieferwagen vor dem Büro des Ministerpräsidenten parken konnte. Doch gehörte es zum egalitä-

ren Selbstverständnis der Norweger, dass sich selbst hochrangige Politiker ohne Leibwächter in der Öffentlichkeit bewegten und die Bürger quasi überall Zugang hatten. Das veränderte der 22. Juli, in Zukunft wird der Sicherheitsaspekt immer eine Rolle spielen.

2013 Bürgerentscheid: Ja zu Winterspielen 2022

Am 9. September 2013 stimmten 55 % der Bürger Oslos mit »Ja« auf die Frage, ob die Stadt sich als Ausrichter der Olympischen Winterspiele bewerben soll. Für Oslo wären es die zweiten Spiele, denn schon 1952 war sie Gastgeber für die Winterolympiade.
Der Abstimmung waren intensive Diskussionen vorangegangen, bei denen der allgemein großen Begeisterung für den Wintersport Bedenken hinsichtlich der Umwelt sowie Skepsis gegenüber dem IOC entgegenstanden. Aufgrund der Wintersporttradition des Landes und nach den erfolggekrönten Spielen von 1994 in Lillehammer werden der Bewerbung gute Chancen ausgerechnet.

Das nach dem Verhandlungsort benannte Oslo-Abkommen zwischen Israel und den Palästinensern wird unterzeichnet.

2011

Am 22. Juli erschüttert ein verheerender Bombenanschlag das Regierungsviertel, wenige Stunden später ermordet der Attentäter auf der Insel Utøya in einem Jugendcamp 69 Menschen.

1993

2008

Die international beachtete Eröffnung des Opernhauses markiert einen wichtigen Meilenstein in der Umgestaltung des Osloer Hafengebiets.

KULINARISCHES LEXIKON

A

akevitt – Aquavit
ansjos – Sardelle
appelsinjuice – Orangensaft

B

barnemeny – Kindergericht
biff – Entrecôte
blåbær – Blaubeere
bløtkake – Sahnekuchen
boller – süße Brötchen
brennevin – Schnaps
bringebær – Himbeere
brus – Limonade
brød – Brot

D

dagens rett – Tagesgericht
drikk – Getränk

E

eddik – Essig
egg – Eier
eggerøre – Rührei
elgkjøtt – Elchfleisch
eplemost/eplesaft – Apfelsaft
ertestuing – Erbsenpüree

F

fatøl – Bier vom Fass
fersk – frisch
finnbiff – Rentiersteak
fiskeboller – Fischklöße
fiskekaker – Fischfrikadelle
fiskepudding – Fischpudding
fløte – Sahne
forrett – Vorspeise
frukt – Obst
fårikål – Hammel-/Kohleintopf

G

gammelost – alter Käse, Handkäse
gatekjøkken – Imbiss
geitost – Ziegenkäse (Spezialität!)
gravlaks – gebeizter Lachs
grovbrød – Vollkornbrot
grønnsaker – Gemüse
gulrøtter – Karotten

H

H-melk – (frische) Vollmilch
hovedrett – Hauptgericht
hvalkjøtt – Walfleisch

I

iskrem – Speiseeis

J

jordbær – Erdbeeren
juice – Fruchtsaft; meint Orangensaft

K

kaker – Kuchen
kalvekjøtt – Kalbfleisch
kjøtt – Fleisch
kjøttkaker – Frikadellen
kniv – Messer
krabber – Krebse
kryddersild – Bismarckhering
kveite – Heilbutt
kveldssmat – Abendbrot
kylling – Hähnchen
kål – Kohl

L

laks – Lachs
lammekjøtt – Lammfleisch
lapskaus – Labskaus
lefse – weiches, fladenartiges Gebäck

lettmelk – Magermilch
leverpostei – Leberwurst
loff – Weißbrot
lutefisk – eingelegter Stockfisch
løk – Zwiebel

M

majones – Mayonnaise
makrell – Makrele
melk – Milch
multebær – Moltebeere, Torfbeere

O

olje – Öl
ost – Käse
ovnsrett – überbackenes Gericht

P

pannekaker – Pfannkuchen
pinnekjøtt – gepökelte und gedämpfte Lammrippen
pisket krem – Schlagsahne
plommer – Pflaumen
poteter – Kartoffeln
pølse – Wurst
pølse og potetstapp – Wurst und Kartoffelbrei
påfyll – zweite Tasse Kaffee
pålegg – Aufschnitt

R

raspeballer – Kartoffelklöße
reinsdyrkjøtt – Rentierfleisch
reker – Garnelen
rundstykker – Brötchen
rype – Schneehuhn
rødspette – Scholle, Goldbutt
røkt – geräuchert
rømmegrøt – Sauerrahmbrei

S

saft – Konzentrat für Fruchtgetränk
salt – Salz

sei – Seelachs
sennep – Senf
sild – Hering
sjokolade – Schokolade
skalldyr – Schalentiere, Krebse usw.
skinke – Schinken
smør – Butter
smørbrød – belegtes Brot
sopp – Pilze
speilegg – Spiegelei
spekemat – Schlachtplatte aus Gepökeltem, Dörr- oder Rauchfleisch
steinbit – Seewolf
stekt – gebraten
sukker – Zucker
sur – sauer
sursild – eingelegter saurer Hering
svinekjøtt – Schweinefleisch
sviske – Backpflaume
syltetøy – Marmelade
søt – süß

T

tallerken – Teller
tepose – Teebeutel
torsk – Dorsch
tyttebær – Preiselbeere
tørr – trocken
tørrfisk – Stockfisch

V

vafler – Waffeln
vann – Wasser
vilt – Wild
vin – Wein

Ø

øl – Bier
ørret – Forelle
østers – Auster

Å

ål – Aal

SERVICE

Anreise und Ankunft

MIT DEM AUTO

Am bequemsten reist man von Deutschland aus mit der Fähre von Kiel nach Oslo. Alternativen: Zwischen Dänemark und Südnorwegen verkehren verschiedene Fährlinien. (Informationen unter www.colorline.de, www.stenaline.com und www.dfds seaways.de)

Wenn man lange Autofahrten nicht scheut, kommt auch eine Strecke über Dänemark und Schweden in Betracht.

In Norwegen ist für Fahrzeuge auch tagsüber Abblendlicht vorgeschrieben. Innerorts ist die Höchstgeschwindigkeit 50 km/h, außerorts 80 km/h, auf Autobahnen 90 km/h. Überschreitungen werden mit hohen Bußgeldern und sogar Gefängnisstrafen geahndet. Die Promillegrenze liegt bei 0,2.

Wenn man mit dem Auto nach Oslo hineinfährt, wird eine Stadtmaut von 31 NOK fällig. Das Kennzeichen wird automatisch erkannt und der Kfz-Halter bekommt eine Rechnung zugesandt.

MIT DER BAHN

Ohne mehrmaliges Umsteigen kommt man nicht von Deutschland nach Oslo. Von Hamburg aus muss man normalerweise mindestens in Kopenhagen und Malmö oder Göteborg umsteigen.

Fernzüge ebenso wie Regionalzüge gehen von und nach Oslo Sentralstasjon (Oslo S), fast mitten im Zentrum gelegen. Um Oslo gibt es ein gut ausgebautes Regionalzugnetz, das jedoch immer dünner wird, je weiter man sich von der Hauptstadt entfernt. Bei Fernzügen besteht Reservierungspflicht.

MIT DEM FLUGZEUG

Lufthansa und SAS fliegen aus mehreren deutschen Städten, aus Wien und aus Zürich direkt zum Airport **Oslo Gardermoen**, der ca. 50 km nordöstlich der Hauptstadt liegt. Die norwegische Billigfluglinie Norwegian fliegt ebenfalls Gardermoen aus mehreren deutschen Städten sowie Wien, Salzburg und Genf an. Der Anbieter Ryanair fliegt von den Städten Bremen, Düsseldorf (Weeze) und Frankfurt (Hahn) aus zum **Flughafen Torp** (Sandefjord), der allerdings 120 km von Oslo entfernt liegt. Von Berlin und Memmingen fliegt Ryanair zum **Flughafen Rygge**, der ca. 60 km südöstlich von Oslo gelegen ist.

Vom Flughafen Oslo Gardermoen aus hat man mehrere Möglichkeiten, in die Stadt zu gelangen. Am schnellsten und bequemsten geht es mit dem **Flytoget**, einem Hochgeschwindigkeitszug, der bis Oslo S 19 Min. braucht (170 NOK); man kann ohne Fahrkarte einfach mit Kreditkarte zu- und aussteigen.

Auch Regionalzüge verkehren zwischen Gardermoen und Oslo S. Die Busse von **SAS Flybussen** und **Flybussekspressen** fahren ins Stadtzentrum bzw. zu Haltestellen außerhalb des Zentrums (Dauer ca. 45 Min., 160 bis 215 NOK).

Zwischen Torp und Oslo Bussterminalen verkehrt ein Bus (Fahrtzeit ca. 2 Std., 250 NOK).
Von Rygge nach Oslo: Bus 160 NOK, Zug 156 NOK (Shuttle zum Bahnhof gratis).

MIT DEM SCHIFF
Reisende mit oder ohne Auto können mit der Fähre von Kiel sowie von Kopenhagen und Fredrikshavn in Dänemark nach Oslo fahren.

Auskunft
IN DEUTSCHLAND, ÖSTERREICH UND DER SCHWEIZ
Innovation Norway
ABC-Str. 19, 20354 Hamburg | Tel. 040/2 29 41 50 | www.visitnorway.de

IN OSLO
Ruter kundesenter E 6
Sentrum | Jernbanetorget 1 | Mo–Fr 7–20, Sa, So 8–18 Uhr

Visit Oslo D 6
Sentrum | Fridtjof Nansens plass 5 | Tel. 81 53 05 55 | www.visitoslo.com | Mai–Sept. tgl. 9–18 Uhr, Okt.–April 9–16 Uhr

Behinderte
Norwegen setzt sich engagiert für die Gleichstellung Behinderter ein. Überhaupt nimmt das Land in Sachen Inklusion europaweit eine Vorreiterrolle ein. Wie auch im Nachbarland Schweden muss alles, was neu gebaut wird, rollstuhlgerecht ausgestattet sein. Das macht sich auch bei den Hotels bemerkbar, die fast allesamt über behindertengerechte Zimmer und Serviceeinrichtungen verfügen.

Buchtipps
Knut Hamsun: Hunger (dtv, 1991) Dieser bahnbrechende Roman kam 1890 heraus und beschreibt das zeitgenössische Oslo, damals Christiania wie einen Irrgarten, aus dem der Protagonist zu fliehen versucht. Viele Schauplätze erkennt man auch heute noch.
Jo Nesbø: Das fünfte Zeichen (Ullstein, 2007) Der Osloer Kriminalpolizist Harry Hole wird mit der unangenehmen Tatsache konfrontiert, dass in Oslo ein Serienmörder sein Unwesen treibt. »Das fünfte Zeichen« ist der fünfte Harry-Hole-Roman des Multitalents (Schriftsteller, Sänger) Jo Nesbø und sein dritter, der in Oslo spielt.
Lars Saabye Christensen: Yesterday (Btb, 1997) »Heimatdichtung« aus dem Oslo der 1960er- und 1970er-Jahre. Der Roman folgt dem Aufwachsen der vier jugendlichen Protagonisten im Stadtteil Skillebekk. Voller Referenzen an die Populärkultur der Zeit.
Sigrid Undset: Kristin Lavranstochter (Herder, 2005) In ihrer Trilogie »Kristin Lavranstochter« beschreibt die norwegische Literaturnobelpreisträgerin Sigrid Undset das Leben der Tochter eines Großbauern aus dem Gudbrandstal im 14. Jh. Besonders im ersten Teil des Romanzyklus, »Der Kranz«, spielt dabei Oslo eine bedeutende Rolle. Die Orte, die uns heute im »Minneparken« nur noch als Ruinen begegnen, erstehen in diesem Roman vor dem inneren Auge wieder auf.

Diplomatische Vertretungen
IN OSLO

Botschaft der Bundesrepublik
Deutschland ⚑ D 5
Oscars gate 45, 0258 Oslo | Tel. 23 27
54 00 | Straßenbahn: Riddervoldsplass

Botschaft der Republik Österreich
⚑ C 6
Thomas Heftyes gate 19–21, 0244 Oslo |
Tel. 22 54 02 00 | Bus: Frogner kirke

Botschaft der Schweiz ⚑ C 5/6
Bygdøy allé 78, 0268 Oslo | Tel. 22 54
23 90 | Straßenbahn: Olav Kyrres plass

Feiertage
Gesetzliche Feiertage in Norwegen:
1. Januar Neujahrstag
Palmsonntag
Gründonnerstag
Karfreitag
Ostersonntag/-montag
1. Mai Tag der Arbeit
17. Mai Nationalfeiertag
Christi Himmelfahrt
Pfingstsonntag/-montag
25./26. Dezember Weihnachten

Geld
10 NOK .... 1,25 €/1,50 SFr
1 € .... 8,00 NOK
1 SFr .... 6,70 NOK

Offizielles Zahlungsmittel ist die Norwegische Krone (NOK), 1 Krone hat 100 Øre. Unter einer Krone gibt es nur Münzen zu 50 Øre, deshalb werden Beträge beim Bezahlen auf die nächsten 50 Øre auf- oder abgerundet. Sonst gibt es Münzen zu 1, 5, 10 und 20 NOK und Scheine mit Nennwerten zu 50, 100, 200, 500 und 1000 NOK.

Banken haben recht eingeschränkte Öffnungszeiten, üblicherweise wochentags von 9 bis 15.30, donnerstags bis 17 Uhr. Wechselstuben haben länger geöffnet, u. a. in der Touristeninformation und in vielen Hotels.
Geldautomaten (»Minibank«) sind sehr zahlreich und rund um die Uhr geöffnet; man kann überall mit Maestro-/EC-Karte sowie mit Kreditkarten und PIN Bargeld abheben.
Kreditkarten sowie andere Bankkarten sind sehr verbreitet. Auch Kleinstbeträge werden oft mit Karte bezahlt.

Kleidung
Der Winter in Ostnorwegen wird sehr kalt, Temperaturen bis -10 °C und darunter sind keine Seltenheit. Warme Kleidung ist daher empfehlenswert, dazu festes Schuhwerk.
In den Sommermonaten können die Temperaturen durchaus 30 °C erreichen. Wenn man in den Monaten Juni, Juli und August reist, sollte man daher leichtere Kleidung und natürlich auch Badesachen mitnehmen.

Links und Apps
LINKS
www.visitoslo.com
Die offizielle Tourismus-Website der Stadt Oslo. Eine Unmenge von Informationen zu Sehenswürdigkeiten, Unterkünften (mit Hotelbuchung), Veranstaltungskalender und vieles mehr.
www.ruter.no
Eine nützliche Website, wenn man in Oslo mit öffentlichen Verkehrsmitteln reist. Dort kauft man Tickets, es gibt Fahrpläne für T-bane, Straßenbahn und Bus, Routenplaner, Preisauskunft und einiges mehr.

www.kongehuset.no

Seriöse Informationen über das norwegische Königshaus, die königlichen Schlösser und Besitzungen, auch mit touristischen Hinweisen (auf Norwegisch und Englisch).

APPS

Oslo – Official City App

Die offizielle App von Visit Oslo mit Infos zu Sehenswürdigkeiten, Restaurants, Shopping, Hotels, Veranstaltungskalender und Tipps. Auf Deutsch, Englisch, Norwegisch.
Für iPhone und Android

Oslo Pass

Damit kann man den Oslo Pass schon vor der Reise kaufen und hat ihn auf dem Handy dabei. Um ihn zu benutzen, braucht man nicht online zu sein.
Für iPhone und Android

RuterBillett

Mit RuterBillett (über www.ruter.no/mobilbillett) hat man die Fahrkarte für T-bane, Straßenbahn, Bus und Boot in Oslo auf dem Handy. Einfach die App installieren, eine Bank-/Kreditkarte registrieren und vor dem Zusteigen über das Handy die Fahrkarte kaufen.
Für iPhone und Android

Ruter Reise

Abfahrtszeiten sowie Fahrtplanung mit allen öffentlichen Verkehrsmitteln in Oslo. Auf Englisch.
Für iPhone und Android

Sykkel i Oslo (iPhone)/Bysykkel Oslo (Android)

Zwei ähnliche Apps, die beide die nächstgelegenen Standorte für Stadtfahrräder auf der Karte anzeigen und ebenso, ob Fahrräder verfügbar sind. Nur auf Norwegisch, aber trotzdem relativ leicht zu bedienen.

Medizinische Versorgung

KRANKENVERSICHERUNG

Die Vorlage einer Europäischen Krankenversicherungskarte (EHIC) ist ausreichend, man muss jedoch den in Norwegen üblichen Eigenanteil von mindestens 140 NOK bezahlen. Als zusätzlicher Versicherungsschutz empfiehlt sich der Abschluss einer Auslandskrankenversicherung, da diese auch mögliche Krankenrücktransporte mitversichert.

KRANKENHAUS

In Notfällen wendet man sich in der Regel nicht unmittelbar an ein Krankenhaus, sondern an die »Legevakt« (ärztlicher Bereitschaftsdienst), von der aus man gegebenenfalls ins Krankenhaus überwiesen wird.

Oslo kommunale legevakt

Sentrum | Storgata 40 | Straßenbahn, Bus: Hausmanns gate | Tel. 23 48 70 00

APOTHEKEN

Apotheken sind in der Regel von Mo–Fr 9–18 und Sa 10–16 Uhr geöffnet. Man muss eine Wartenummer ziehen.

Jernbanetorvet Apotek   E 6

Sentrum | Jernbanetorget 4B (Bahnhof) | Tel. 23 35 81 00 | tgl. 24 Std.

Nebenkosten

1 Tasse Kaffee	3,10 €
1 Glas Bier	7,50 €
1 Glas Cola	3,75 €
1 Hotdog (»Pølse i brød«)	3,10 €
1 Schachtel Zigaretten	8,75 €
1 Taxifahrt/km	1,55 €
1 Liter Benzin	1,50 €
Mietwagen/Tag	125,00 €

Notruf

Euronotruf Tel. 112
(Polizei, Feuerwehr, Rettungsdienst)

Oslo Pass

Der Oslo Pass ist für 24, 48 und 72 Stunden erhältlich und beinhaltet die freie Benutzung von T-bane, Straßenbahn und Bus, freien Eintritt in über 30 Museen und Sehenswürdigkeiten sowie das Gratisparken auf öffentlichen Parkplätzen. Diese sind mit dem Stadtwappen markiert. Daneben gibt es noch andere Vergünstigungen z. B. bei Veranstaltungen, Konzerten u. v. m. Er ist erhältlich bei den Touristeninformationen und in vielen Hotels und kann im Internet vorbestellt werden, auch als App für iPhone und Android.
www.visitoslo.no | 24 Std. 270 NOK, Kinder 120 NOK, 48 Std. 395 NOK, Kinder 145 NOK, 72 Std. 495 NOK, Kinder 190 NOK

Post

Die Briefkästen in Norwegen sind rot. Briefmarken erhält man auf Postämtern oder in Kiosken und Schreibwarenläden. Eine Postkarte nach Deutschland, Österreich und in die Schweiz kostet 13 NOK.

Rauchen

In allen Restaurants und Bars sowie in öffentlichen Gebäuden und Verkehrsmitteln ist das Rauchen untersagt.

Reisedokumente

Deutsche, Österreicher und Schweizer können mit einem gültigen Reisepass oder Personalausweis (Identitätskarte) einreisen. Kinder benötigen mittlerweile ein eigenes Reisedokument, der bisher übliche Eintrag im Pass der Eltern wird nicht mehr anerkannt.

Reiseknigge

In Norwegen bedankt man sich gerne und viel: Nach dem Essen sagt man »takk for maten«, wenn man sich nach einer Einladung verabschiedet, »takk for meg/oss«, und wenn man sich nach einem Besuch oder einer Unternehmung später wieder trifft oder spricht, mit »takk for sist«. Auch wenn man etwas im Geschäft verlangt, hängt man oft ein »takk« an die Bitte.
Unkonventionalität bei Umgangsformen wird großgeschrieben. Meistens spricht man sich mit dem Vornamen an. Handschlag ist bei der Begrüßung nur beim ersten Treffen üblich.

Klima (Mittelwerte)

	Januar	Februar	März	April	Mai	Juni	Juli	August	September	Oktober	November	Dezember
Tagestemperatur	-2	0	4	10	16	20	22	21	16	9	3	0
Nachttemperatur	-7	-7	-4	1	6	10	13	12	8	3	-1	-4
Sonnenstunden	1	3	4	6	7	8	8	7	5	3	2	1
Regentage pro Monat	10	7	9	7	8	10	11	10	11	11	10	9

Reisezeit

Die Hauptreisezeit ist zwischen Juni und August. Außerhalb dieser Sommermonate haben viele Sehenswürdigkeiten eingeschränkte Öffnungszeiten.

Sicherheit

Oslo ist eine sichere Stadt. Wie überall sollten allgemein übliche Vorsichtsmaßnahmen getroffen werden. Die Drogenszene vor dem Hauptbahnhof ist zwar unschön, stellt aber kein Risiko dar.

Stadtführungen

Oslo Guideservice   D 7

Individuell gestaltete Gruppenführungen.

Sentrum | Akershusstranda 15 | Tel. 22 42 70 20 | www.guideservice.no

Oslo City and Nature Walks

▸ Grüner reisen, S. 33

Telefon

VORWAHLEN

D, A, CH ▸ **Norwegen** 00 47
Norwegen ▸ **D** 00 49
Norwegen ▸ **A** 00 43
Norwegen ▸ **CH** 00 41

Norwegens Mobilfunkdeckung beträgt nahezu 100 %. Die beiden Netzbetreiber heißen Telenor und NetCom. Handynummern beginnen mit einer 4 oder einer 9. Wenn man vorhat, in Norwegen viel mobil zu telefonieren, lohnt sich die Anschaffung einer Prepaid-Karte. Für Personen, die nicht in Norwegen registriert sind, kommen dafür beispielsweise Anbieter wie MyCall (www.mycall.no) und Chess (www.chess.no) in Betracht. Erhältlich u. a. bei Narvesen, 7-Eleven, MIX und an vielen Tankstellen.

Trinkgeld

Trinkgelder sind üblich in Restaurants und Cafés. Lassen Sie je nach Qualität des Service 5 bis 10 % des Rechnungsbetrags auf dem Tisch liegen; ein Aufrunden des Rechnungsbetrags beim Bezahlen ist nicht üblich. Auch dem Taxifahrer kann man ein paar Kronen Trinkgeld geben.

Verkehr

MIT DEM AUTO

Autofahren in Oslo ist nicht schwierig, die Beschilderung ist gut, man fährt im Allgemeinen vorsichtig und defensiv. Ungewohnt sind die zahlreichen Rechts-vor-links-Kreuzungen auch in der Innenstadt. Parkplätze und -häuser sind extrem teuer, das Gleiche gilt für Geldbußen. Es wird abgeschleppt! Mit dem Oslo Pass kann man auf öffentlichen Parkplätzen gratis parken.

ÖFFENTLICHE VERKEHRSMITTEL

Oslo hat ein exzellentes ÖPNV-Netz. Die U-Bahn heißt hier abgekürzt T-bane. Sie hat sechs Linien und fährt oft weit hinaus. Sämtliche Linien befahren die Stammstrecke zwischen Majorstuen im Westen und Tøyen im Osten. Die **Straßenbahn** heißt »Trikk«, ihre Liniennummern sind zweistellig und beginnen mit einer 1. Die Liniennummern der **Busse** beginnen mit der 20. Zweistellige Nummern verkehren in der erweiterten Innenstadt, die mit dreistelliger Nummer fahren in die Außenbezirke. Auch einige **Bootslinien** verkehren innerhalb des Osloer Tarifverbundes, sie tragen 90er-Nummern. Es handelt sich um die Linien 92–94, die von Rådhus-bryggen aus die Inseln im Oslofjord erschließen. Die Linie 91 nach Bygdøy ist nicht enthalten.

Innerhalb der sehr großen »Takstsone 1« Oslo kosten sämtliche Fahrten mit T-bane, Straßenbahn und Bus das Gleiche.

Gedruckte **Fahrkarten** sind inzwischen abgeschafft, für sämtliche Tickettypen braucht man aufladbare Plastikkarten, die »Reisekort« oder »Flexus« heißen. Sie sind erhältlich an sämtlichen Kunden- und Servicezentren von Ruter, den Fahrkartenautomaten in der T-bane sowie an allen Narvesen-, 7-Eleven- und Deli-de-Luca-Kiosken. Die Karte lässt sich an den Automaten aufladen. Zur Wahl stehen neben der Einzelfahrt (30 NOK) die 24-Stunden-Karte (24-timersbillett) zu 90 NOK, die 7-Tages-Karte (7-dagersbillett) zu 230 NOK und die 30-Tages-Karte (30-dagersbillett, 650 NOK). Alternativ kann man die Karte auch mit einem Geldbetrag aufladen (»Reisepenger«). Bei jedem Zusteigen wird der Betrag für eine Einzelfahrt abgezogen.

Steigt man ohne gültige Fahrkarte in einen Bus oder eine Straßenbahn, kann man die nur einmal verwendbare Karte »Impuls«, entweder für eine Einzelfahrt oder 24 Stunden, kaufen. Der Fahrkartenpreis erhöht sich dann jedoch um 20 NOK.

Mit dem Oslo Pass kann man auf allen Linien gratis fahren. Kinder unter vier Jahren fahren ebenfalls umsonst, Kinder von vier bis 16 Jahren sowie Personen über 67 zahlen den halben Preis, am Wochenende fahren bis zu vier Kinder gratis mit.

Jeder Tickettyp muss vor der ersten Benutzung am Kartenleser aktiviert werden. Die Kartenleser findet man an den Eingängen der T-bane sowie in Bussen und Straßenbahnen. Zum Aktivieren hält man die Karte eine kurze Zeit an den Leser. Ist das Ticket gültig, wird es mit einem kurzen Piepton und grünem Licht quittiert und das Ende der Gültigkeit wird angezeigt. Auch wenn man schon ein gültiges und aktiviertes Ticket besitzt, kann man sich so zeigen lassen, wie lange es noch gilt.

STADTFAHRRAD

Über ganz Oslo verteilt, aber hauptsächlich in der Innenstadt gibt es die Stellplätze der blau-weißen Stadträder (»bysykkel«). Die Räder sind leicht (15 kg) und robust. Mit einer sogenannten Smartcard kann man ein Fahrrad für bis zu drei Stunden benutzen, bevor man es an einen beliebigen Stellplatz zurückbringt, man kann aber sofort ein anderes Rad ausleihen. Dauer-Smartcards für 110 NOK im Jahr bekommt nur, wer in oder bei Oslo wohnt, Touristen über 18 Jahre können aber für 100 NOK pro Tag und ein Depositum von 250 NOK solche Karten bei der Touristeninformation ausleihen.

TAXIS

Taxifahren in Norwegen ist nicht gerade billig, der Mindestpreis beträgt 13 NOK pro Kilometer. Die Fahrzeuge sind nur durch das Taxischild auf dem Wagendach einheitlich gekennzeichnet. Abends und besonders am Wochenende kann es eng werden; an den Taxiständen bilden sich dann lange Warteschlangen. Unlizenzierte »Pirattaxis« versuchen diese Situation auszunutzen, nehmen Sie deren Angebote lieber nicht an.

Zeitungen und Zeitschriften

Von den drei großen überregionalen Tageszeitungen Norwegens hat »Aftenposten« das stärkste Oslo-Profil, »Dagbladet« den besten Kulturteil und »Verdens Gang« steht dem Genre Boulevard am nächsten. Alle drei erscheinen im Tabloid-Format. Eine große seriöse Tageszeitung, die mit der »Süddeutschen«, der »FAZ« oder der »NZZ« vergleichbar wäre, gibt es in Norwegen nicht. Hinter »Dagens Naeringsliv« verbirgt sich eine in Oslo herausgegebene Wirtschafts-Tageszeitung. »Klassekampen«, die Zeitung der Linken, könnte man als Oslos Variante der »taz« bezeichnen.

Deutschsprachige Zeitungen und Zeitschriften sind mit einer gewissen Verspätung an den durch ein großes N gekennzeichneten Narvesenkiosken erhältlich.

Zoll

Zollfrei dürfen Waren im Wert von 6000 Kronen nach Norwegen eingeführt werden. Innerhalb dieser Wertgrenze können 2 l Bier, 1,5 l Wein und 1 l Spirituosen sowie 200 Zigaretten oder 250 g Tabak von Personen, die über 18 Jahre alt sind, eingeführt werden. Informationen, auch auf Deutsch, gibt es unter: www.toll.no

Reisende aus Deutschland und Österreich dürfen Waren im Wert von 300 €, bei Flug- bzw. Seereisen von 430 € (Jugendliche: 175 €) abgabenfrei mit nach Hause nehmen, Reisende aus der Schweiz im Wert von 300 SFr. Die Waren müssen für den privaten Gebrauch vorgesehen sein. Tabakwaren und Alkohol fallen nicht unter diese Wertgrenze und bleiben in bestimmten Mengen abgabenfrei (z. B. 200 Zigaretten, 1 l Spirituosen).

Weitere Auskünfte findet man unter: www.zoll.de, www.bmf.gv.at/zoll und www.zoll.ch

Entfernungen (in Minuten) zwischen wichtigen Sehenswürdigkeiten

	Akershus slott og festning	Botanisk hage	Det kongelige slott	Domkirke	Frognerparken	Nasjonaltheatret	Operahuset	Paulus kirke (Grünerløkka)	Rådhuset	Vår Frelsers Gravlund
Akershus slott og festning	–	25	20	10	35	10	15	30	5	15
Botanisk hage	30	–	35	20	60	30	20	15	30	20
Det kongelige slott	20	35	–	15	25	5	25	45	15	20
Domkirke	10	20	15	–	40	10	10	30	15	15
Frognerparken	35	60	25	40	–	30	45	50	30	40
Nasjonaltheatret	10	30	5	10	30	–	20	40	5	15
Operahuset	15	20	25	10	45	20	–	30	15	25
Paulus kirke (Grünerløkka)	30	15	45	30	50	40	30	–	35	20
Rådhuset	5	30	15	15	30	5	15	35	–	20
Vår Frelsers Gravlund	15	20	20	15	40	15	25	20	20	–

ORTS- UND SACHREGISTER

Wird ein Begriff mehrfach aufgeführt,
verweist die **fett** gedruckte Zahl auf die Hauptnennung.
Abkürzungen: Hotel [H] · Restaurant [R]

IHRE MEINUNG IST UNS WICHTIG!

Wir möchten mit unseren Reiseführern für Sie und Ihre Reise noch besser werden. Nehmen Sie sich deshalb bitte kurz Zeit, uns einige Fragen zu beantworten. Als Dankeschön für Ihre Mühe verlosen wir traumhafte Preise unter allen Teilnehmern.

1. PREIS
Eine zweiwöchige Fernreise für zwei Personen

2. PREIS
Wochenend-Trip in eine europäische Hauptstadt

3. PREIS
Je einen von 100 Reiseführern Ihrer Wahl

Mitmachen auf
www.reisefuehrer-studie.de

Oder QR-Code mit Tablet/Smartphone scannen

MERIAN
Die Lust am Reisen

Liebe Leserinnen und Leser,

vielen Dank, dass Sie sich für einen Titel aus unserer Reihe MERIAN *momente* entschieden haben. Wir wünschen Ihnen eine gute Reise. Wenn Sie uns nun von Ihren Lieblingstipps, besonderen Momenten und Entdeckungen berichten möchten, freuen wir uns. Oder haben Sie Wünsche, Anregungen und Korrekturen? Zögern Sie nicht, uns zu schreiben!

Alle Angaben in diesem Reiseführer sind gewissenhaft geprüft. Preise, Öffnungszeiten usw. können sich aber schnell ändern. Für eventuelle Fehler übernimmt der Verlag keine Haftung.

© 2015 TRAVEL HOUSE MEDIA GmbH, München
MERIAN ist eine eingetragene Marke der GANSKE VERLAGSGRUPPE.

TRAVEL HOUSE MEDIA
Postfach 86 03 66
81630 München
merian-momente@travel-house-media.de
www.merian.de

Alle Rechte vorbehalten. Nachdruck, auch auszugsweise, sowie die Verbreitung durch Film, Funk, Fernsehen und Internet, durch fotomechanische Wiedergabe, Tonträger und Datenverarbeitungssysteme jeglicher Art nur mit schriftlicher Genehmigung des Verlages.

BEI INTERESSE AN MASSGESCHNEIDERTEN MERIAN-PRODUKTEN:
Tel. 0 89/4 50 0 99 12
veronica.reisenegger@travel-house-media.de

BEI INTERESSE AN ANZEIGEN:
KV Kommunalverlag GmbH & Co KG
Tel. 0 89/9 28 09 60
info@kommunal-verlag.de

1. Auflage

VERLAGSLEITUNG
Dr. Malva Kemnitz
REDAKTION
Simone Duling, Juliane Helf
LEKTORAT
Heiderose Engelhardt
BILDREDAKTION
Susann Jerofsky
SCHLUSSREDAKTION
Andrea Lazarovici
HERSTELLUNG
Bettina Häfele, Katrin Uplegger
SATZ
Nadine Thiel, kreativsatz, Baldham
REIHENGESTALTUNG
Independent Medien Design, Horst Moser, München (Innenteil), La Voilà, Marion Blomeyer & Alexandra Rusitschka, München und Leipzig (Coverkonzept)
KARTEN
Gecko-Publishing GmbH für MERIAN-Kartographie
DRUCK UND BINDUNG
Firmengruppe APPL, aprinta Druck, Wemding

Ein Unternehmen der
GANSKE VERLAGSGRUPPE

PEFC/04-32-0928

BILDNACHWEIS
Titelbild (Blick auf die Oper): mauritius images: Alamy
Astrup Fearnley Museeet: N. Lehoux 17, 42 | action press 82 | Bandar Abdul-Jauwad 19o | Bildagentur Huber: G. Croppi 6, Mirau 160u | Caro: Rodriguez 14 | Carsten R D (CC-BY SA. 3.0) 18 | Corbis: B. Zaunders 25 | ddp images: D. Pearson 131 | dpa Picture-Alliance: G. Momot 46, Schoening 117, I. Wagner 129 | Dreyer Hensley 19u | Espen Grønlie 29 | Fotolia: laguna35 13l, merydolla 52, 142l | Friends Fair Trade 33 | gemeinfrei 120, 138, 139, 141, 160o | Getty Images: J. Freeman/Collection: Lonely Planet 134/135, I. Keribar/Collection: Lonely Planet 38, 66, C. Mellor/Collection: Lonely 12 | imago: R. Fishman/ecomedia 71 | Inselabend Lille Herbern 50 | interTOPICS: D. Gould 92 | istock photo: ROMAOSLO 13r, SiriGronskar 133 | Jahreszeiten Verlag: S. Göttlicher 34 | laif: Fautre/Le Figaro Magazine 4/5, 20/21, 84, M. Galli 72, A. Gkanatsios/Invision 10, I. C. Hendel 49, J. Modrow 56u, J.-B. Rabouan/hemis.fr 127, B. Rieger/hemis.fr 22, B. Steinhilber 2, 15, 41, 58, 62, 69, 100, 108, 114, 136 | Lofoten Fiskerestauran 79 | LOOK-foto: K. Wothe 54/55 | Mathallen Oslo/Finn Ståle Felberg 91 | mauritius images: Alamy 16, 65, 76, 96, 104, 113, 124/125 | Oslo Vinterpark: Preben Stene Larsen 53o | Privat 56o, 57l, 57r | ProtoplasmaKid (CC BY-SA 3.0) 140 | A. Reinsfelt 110 | Schapowalow: G. Croppi/SIME 119 | J. Schepp 51 | Shutterstock: foto76 30, Nanisimova 142r, Tumar 143 | Smalhans: N. Lello 89 | TusenFrydAS 107 | visitnorway.com: N. Bundt 37 | VISUM: I. C. Hendel 26, 103

OSLO GESTERN & HEUTE

Zwischen den Ansichten des Osloer Hafens in der Bucht Pipervika, fotografiert jeweils von der **Festung Akershus** (▶ MERIAN TopTen, S. 59), liegen mehr als 100 Jahre. Seit der Mitte des letzten Jahrhunderts dominieren die markanten Backsteintürme des Osloer Rathauses, das seither ein Wahrzeichen Oslos ist, die Hafenfront. Dem 1950 fertiggestellten Repräsentationsbau wich damals das alte und ziemlich armselige Hafenviertel Pipervika mit seinen Werftanlagen.